ドイツ大使も納得した、

日本が世界で愛される理由

前駐日ドイツ大使
フォルカー・シュタンツェル

幻冬舎

ドイツ大使も納得した、

日本が世界で愛される理由

はじめに

みなさんはどこかの国を旅した時に、初めてなのに心地がよいと思ったり、その国になぜだか強く惹《ひ》かれる気持ちになったことはありませんか。

私にとっての日本がそうです。

十歳の時から日本に興味を持ち、一九七二年、二十三歳の時に京都大学の留学生として初めてこの国の土を踏みました。それから三年間はヒッチハイクをしたり、当時ドイツにはなかった新幹線にわくわくしながら乗ったりして、日本中を旅しました。出逢《であ》った人々はみな温かく、優しかったのを覚えています。

帰国してドイツの外務省で働き始めた私は、一九八二年にふたたび日本で生活する機会を得ました。日本の大使館への赴任を命じられたのです。政務・広報担当として働いた三年間で、ますますこの国の魅力にのめり込んだのでした。

そして月日が流れ、二〇〇九年、私は駐日ドイツ大使の任を受け、日本に帰ってきました。

これまでの経験から日本についてそれなりに詳しいつもりでいた私ですが、大使という立場になったことで改めて、この国の新たな魅力を知ることになりました。

世界中から人気を集めるアイドルたち、類を見ない新鮮な魚料理、苦行のような選挙戦、新宿ゴールデン街のゆかいな酔っぱらい……。文化も政治も教育も、知れば知るほど面白く、興味は尽きません。

しかし忘れがたい悲劇も経験しました。二〇一一年三月十一日、東日本大震災が発生したのです。思い出すのも辛《つら》い記憶です。親愛なる日本が深い悲しみに包まれたことは、私にとっても大変な衝撃でした。

日本の方々に、ドイツという友人がそばにいると伝えるため、私にできることはないだろうか。

あれこれ考えましたが、一つの答えとして、ブログ「大使日記」を書き始めました。日本のみなさんに読んでほしいのですから、もちろん日本語で書くのです。

まず書きたいことを決め、日本語の辞書をめくり、楽しんで読んでもらえる文章を心がけて書いてゆきました。ハードな公務の合間を縫っての作業は、困難ではありましたが、

漢英辞典、広辞苑、独和辞典……。いくつもの辞典と夜ごと格闘。

とてもやりがいがありました。いつしかブログを書くことは日課となり、外務省を退官して大使の職を離れた二〇一三年十月末まで書き続けることとなったのでした。

まだまだ完璧な文章ではありませんでしたが、楽しんで読んでくれる方も多く、寄せられたコメントにはずいぶん励まされました。

本書はそのブログに綴《つづ》った内容を元に、ライターの伊集院なほこさんの力を借りて再構成したものです。日本人のみなさんに読みやすいよう、文章や語句を整えました（ただし、「大使の休日」というコーナーは私が日本語の勉強をするためにホームステイをした話なので、私の文章をほぼそのまま載せています)。

書籍としてまとめ直すうちに、日本とドイツ、日本と世界との比較文化論の様相を呈してきたようです。ふつうのドイツ人よりもいくらか深く日本を知る立場にあった私から見た、この国の素晴らしさが、読んでくださるみなさまに伝われば幸いです。

ドイツ大使も納得した、
日本が世界で愛される理由　目次

はじめに……3

1章　日本文化は面白すぎる

大使館にＡＫＢ48がやってきた！……22
文化交流は金の無駄？
世界を席巻する日本のソフトパワー
アイドルとドイツ大使のランチ会
日本人に宗教がないというのは誤解……27
外国人には信仰心が見えづらいだけ
二十年に一回の「遷宮」はとても不思議
高齢化社会・日本は世界のお手本……30
ポジティブエイジングを目指すドイツ
ドイツ人より七年長く働く日本人

日本語は繊細で美しい……34
くだけたスピーチは相手への思いやり
外国人の思う、本当にいい日本語とは
ドイツ大使公邸で英語を使うべき？
ヤクザ映画みたいな関西人はいなかった……38
江戸の文化は意外にも雅
東京のがさつ者、京都の本音と建前
日本の冬は足元が寒く、心が温かい……41
静の美を感じる雪景色
冬でも素足の女子高生には驚き
三十年越しの式典出席
欧米人が日本語を話すと喜劇が始まる……45
台湾人の妻は困り顔
外国人が日本語を話す事実は〝見えない〟

2章　日本とドイツの強い絆

皇太子殿下、二十四年ぶりのご訪独……50
写真を撮りたい！
殿下のお出ましにドイツ人大興奮
過密スケジュールをお許しください
オクトーバーフェストってなあに？……54
ドイツ人ぐらい愛しているのは日本人だけ
実は日本人もドイツ人もパーティー上手
赤坂の酒場で騒ぐドイツ人は私です……57
ドイツ人が熱狂するカードゲーム
女人禁制、男だらけの真剣勝負
公式、非公式の日独外交史……61
外交の礎となった老中と伯爵
最初にやってきたドイツ人は武器職人や医者

日本学の祖・ケンペルとシーボルト
年末の第九はドイツ人兵士から始まった……66
高松市にある「ドイツの館」とは
地元民に愛されたドイツ人兵士たち
ドイツで絶賛された東京の大使館……69
全世界のモデルケース
大使同士で〝同期飲み〟
ドイツ科学を救った日本人……72
星薬科大学の創立一〇〇周年
宮古島とドイツの独特な関係……74
ドイツの難破船を助けてくれた
世界のフラット化がもたらしたもの
最先端技術と、変わらぬ伝統
なでしこ世界一……79

ドイツも日本も、どっちもがんばれ！
世界一心が強かったチーム

3章　日本の政治は不思議だらけ

最初の印象は「被爆国」だった……84
十歳の授業で日本の反核運動を知った
広島・長崎を深く学んだ青年時代
広島の平和記念式典の荘厳さ
敗戦国としての日本とドイツ……88
負けて得たものは大きい
公邸の地下酒場に議員をご招待……90
ビールがすすんでからが本番
垣間見えた熱い志

政治家と官僚の関係は興味深い……93
国会での日独友好関係記念決議
日本は官僚の力がとても強い
政治を「眺めている」若者の姿……96
ドイツ「海賊党」の衝撃
ワンテーマ政党の難しさ
若者と床屋の共通点
政治家を支持する日本、政党を支持するドイツ……100
ドイツ人の投票行動は日本化する？
隣国と和解するということ……102
独仏和解五〇周年
宿敵同士も友人になれる
日中・日韓のわだかまりを消すには
国民の尊敬がドイツ大統領の要件……106
ヴルフ大統領の突然の辞任

大統領職の威信とは

4章　魅力ある国を創る教育

国家を左右するのは判断力……112
「ものを教える」教育よりも大切なもの
若者をダメにするのは誰？
若者の海外旅行離れは本当か……116
外国を知らなくても幸せ？
陸続きのヨーロッパ、島国の日本
豊かさを実感できない若者たち
勇ましいサムライ青年……121
突然の訪問者
英語なしでも世界を放浪できる

日・独・中の教育改革……124
中国では幼稚園お受験が過熱
日本の教育の厳しさはちょうどいい
心を育てる武道……127
筑波大学と武道の深い関係
生涯の趣味となった合気道
大使の休日——極秘ホームステイ日記……131

5章 忘れがたき東日本大震災

ブログ開設のきっかけは東日本大震災……144
私にも何かできないだろうか
議論を呼んだ大使館機能の大阪移行
外国人の不安を思いやる優しい人々

ドイツ人が胸打たれた日本人の強さ……148
外務大臣の突然の訪日
ドイツ人記者の見た被災地
被災者の勇気に感動した元環境大臣
ドイツ大使は板挟み……152
大使館を最も非難したのは妻
怒号飛ぶタウンホール・ミーティング
「あなたは無責任な大使だ」
被災地でのドイツ音楽コンサート……157
現地から受けた強烈な衝撃
音楽とソーセージでともに笑い、涙した
寺島しのぶさんのプロ根性に脱帽
震災と原発事故がドイツに与えた影響……162
両国のエネルギー政策は密接な関係がある
ドイツの流れは脱原発と再生可能エネルギー利用

6章　もう一度日本で味わいたいこと

露天風呂……166
たとえ真夏でも入りたい
富士登山……170
憧れの山にいよいよ挑戦
ご来光の神々しさに感動
四季折々、山を歩く楽しさ
ゴールデン街……174
戦後日本の趣を残す街
仕込みみたいなお客さんたち
新鮮な魚……177
苦手な早起きをして築地へ

世界のどんな都市も敵わない魚料理
鉄道……180
私は〝乗り鉄〟
醬油とハイテク……182
奥深い技術が生活を支えている
源氏物語……184
最初に触れた日本文学
選挙戦……186
ひたすら繰り返される握手
この苦行には意味がある
日比谷のダンスホール……189
日本人が意外と知らない素敵な場所
日本の四季と庭の風景……192

夏の音と冷たいワイン
忘れられない公邸の日本庭園
舞踏……196
グロテスクの美
日本で知ったアングラ演劇の魅力
日本でも「味わいたくない」こと……199
花粉との終わりなき戦い
桜……202
希望の花
番外編――シュタンツェル青年の日本留学日記……205
おわりに……220

装画・本文イラスト
岡村優太

構成
株式会社 STAR CREATIONS

DTP
有限会社 中央制作社

ブックデザイン
albireo

1章

日本文化は面白すぎる

大使館にＡＫＢ48がやってきた！

文化交流は金の無駄？

文化交流ほど、その国や地域のよいところを確実に伝えられるものはありません。けれどもやっかいなことに、文化交流は現代社会で重視される「費用対効果」を計測しにくい、つまり成果が数字に表れにくいものでもあります。

そんなことを考えたのは、日本の国際交流基金の新しい理事長とお昼ごはんを食べる機会があったからでした。

市民はとかく行政による税金の使い道には厳しい目を向けるものですが、その批判の矛先の一つが文化交流費なのだと聞きました。

人々は文化交流にお金がかかることには一定の理解を示すものの、その効果については半信半疑らしいのです。日本の文化、たとえば映画や武術や茶道といったものを外国人に紹介したところで、それが結果的にどんな利益をもたらすのかがよく見えない。つまり、税金の無駄遣いじゃないかと疑っている方が多いようです。

ドイツでも同様のテーマが新聞などでよく論じられていて、政治家の中にも「文化交流は金の無駄ではないか」という発言をする人がいます。

ドイツは一九五〇年代頃から、世界中にゲーテ・インスティトゥートという文化交流センターを設立したのですが、このセンターについて「どうして大金を使って、ドイツ美術をわざわざ海外に紹介しなければならないのだ」ということが真面目に論議されたりもしています。

世界を席巻する日本のソフトパワー

日本は世界の多くの国から好かれています。日本に憧れている人々は世界中にいます。その理由の一つがいわゆるソフトパワー、つまりアニメ、漫画、武道、和食、そしてハローキティの力なのではないかと、私は思っています。

第二次世界大戦後と現在で、世界における日本のイメージはがらりと変わりました。それに大きく貢献しているのが、日本のソフトだと思うのです。これは、文化交流による「利益」の一つだと思います。

ところが、国際交流基金の予算は、なんとドイツのゲーテ・インスティトゥートの三分の一だと聞いて驚きました。そんなに少ない予算なのに、日本のイメージアップ戦略はドイツと比べて大きな効果を上げています。

費用対効果を考えると、日本は文化交流からの恩恵を大きく受けているのではないでしょうか。ドイツの新聞で議論している人たちに、教えてあげたいものです。

アイドルとドイツ大使のランチ会

大使館にも文化交流の一環として、いろいろな人が来てくれます。とはいえ、テレビでよく見るような大物有名人の訪問はなかなかありません。

ところが、特別な日というのはあるものですね。二〇一一年十月、日独交流一五〇周年を記念して、ドイツから大統領も来日して行われた「ドイツフェスティバル」にＡＫＢ48のメンバーが参加してくれたのです！

そのお礼に後日、私は彼女たちを大使公邸でのランチにお招きしました。

一緒にドイツのソーセージを食べ、ドイツのポップ・ロックを聴き、いろいろ話しました。こんな機会はめったにありません。実は私はその時初めて、彼女たちのグループの誕

大使館職員とAKB48のみなさん。職員が嬉しそうだと、私も幸せ！
(2012年３月５日撮影)

生秘話やヒストリーを知ったのです。芸能界での苦労話など、とても興味深く聞きました。

もちろん楽しかったのは私だけではなかったようです。大使館の職員もコックさんも大喜びで、サインをもらったり一緒に写真を撮ったりと、それはそれは嬉しそう。

物事を難しく考える人々は、すぐに「このイベントは何の役に立つのか」「かけたコストに対してどれくらいの効果が戻ってくるのか」と口にします。

しかし、こうして国籍の違う人々が一緒にランチを食べ、笑うことこそが文化交流であり、お互いを知ることができたことこそ、「費用対効果」なのではないかと思うのです。

美味しいもの、美しいもの、素晴らしいものに共感しない人はいません。そしてそれを作り出した人々と知り合えば、その国をもっと身近に感じ、優しい気持ちになります。それこそが文化交流ではないでしょうか。

そこで私はスタッフに耳打ちしました。私たちもこんな素敵なグループを作ろうよ。私が名付け親になるよと。

グループ名はDTK12。もちろんDはドイツ、Tは大使、Kは館、そして最後の12は、彼女たちが遊びに来てくれた記念すべき二〇一二年です。

スタッフの反応ですか？　ご想像におまかせします。

日本人に宗教がないというのは誤解

外国人には信仰心が見えづらいだけ

ドイツ連邦議会議員で与党幹部のカウダーさんが来日した時に、私はこう聞かれました。

「日本人は宗教というものを、どうしてあまり大切にしないのでしょうか？」

カウダーさんはいろいろと考えた結果、「日本人は生活水準が高いので、空腹や貧困など、苦しさをそれほど知らない。だから宗教のニーズがないのだろう」という考えに至ったようですが、はたしてそうなのでしょうか。

私の意見はカウダーさんのものとは少し違います。

国や文化が違っても、宗教の根本にあるのは満たされない思い、欠乏、耐えがたい困難などです。そういった絶望感や痛みが強ければ強いほど、信仰心は強くなるのだと思います。

多くの文化圏では、そのような痛みから生まれた宗教的なものに付随して、形式的なものが発展していきました。さまざまな儀式、大がかりな組織、思想・信仰の体系化……。

しかし、日本では目に見えるような宗教的な思想・信仰の体系や形式的な儀式がきわめて少ないように思います。だから初めて日本に来る外国人は、「日本人にはそれほど宗教がないようだ」という印象を受けるのです。

ところが神社かお寺に行ってみればわかるように、日本人は熱心に神に祈り、仏を拝んでいます。

日本はドイツと同じく世界大戦を経験していますし、長い歴史の中では天災も数多く人々を襲っています。宗教と人間の痛みは必ずつながっていて、それはどこの国の人であっても同じことです。日本人はドイツ人、あるいはイスラム教徒と同じように信仰心を持っていて、ただ外から見た時の様子が異なっているだけなのです。

それでも、外国人が日本人に「あなたは何を信じていますか？」と聞いてみると、最も多い答えは「さあ……」です。カウダーさんのような熱心なキリスト教徒が誤解してしまうのも仕方ないかもしれません。カウダーさんも神社やお寺に行ってみれば、日本人の信仰心の強さがきっと理解できることでしょう。

二十年に一回の「遷宮」はとても不思議

私にとって、日本人と宗教にまつわる不思議な場所といえば、伊勢神宮です。二十年に一回「遷宮する」という感覚、これはドイツ人だけでなく西洋人には理解しがたいことです。西洋建築は、それこそ何百年も耐えうる石や煉瓦《れんが》で建物を造ってきたのですから。

伊勢神宮の現在の大宮司さんはもう二十八代目だそうですが、一般企業に勤めた経験があり、客観的で近代的に物事を考える方です。

たとえば二十年に一回、神宮の百二十五ヵ所の宮社を新しく建てるためには、一万本以上の木が必要です。樹齢は三百年以上でなければならず、長野県や岐阜県から集めるのだそうです。しかしそれは見方を変えると「無駄遣い」であり、自然破壊ともとれます。

大宮司さんは、遷宮の実行と自然保護という相反する二つの事柄を、どうすれば両立できるかに心を砕いて、いろいろと考えているそうです。

また、私が関心を持っているのは伝統を今に伝える職人の問題です。宮社を建てるにはその伝統を正しく受け継いだ宮大工が当然必要です。けれど、二十年に一度の遷宮が終わったら、彼らはどんなふうに生計を立てるのでしょう。そこには、現代のドイツで中世時代の教会を修復する人々と、共通する問題があるように思えます。

高齢化社会・日本は世界のお手本

ポジティブエイジングを目指すドイツ

日本は先進国でもトップクラスの高齢化社会です。書店に行けば高齢化問題に関する本があふれていますし、シンポジウムやセミナーも盛んです。

実はドイツも同じで、高齢化が社会問題になっているのです。

そこで、二〇一二年にドイツの科学研究省が東京で、日本の専門家と一緒に高齢化問題を考えるシンポジウムを開きました。

テーマはどうすれば積極的に年をとれるか、つまり「ポジティブエイジング」です。

内容は専門家の話が主でしたが、テーマがはっきりしていたのでわかりやすいものでした。たとえば、「高齢者の生活を楽しいものにするためには」「高齢者は集まって暮らすほうがいいのか、それとも家族と暮らすほうがいいのか」などです。

このようなテーマ設定は、日本とは少し違っているように感じました。

日本で高齢化問題を議論する時に「ポジティブ」とは表現しません。「平穏に年をとる」という感じでしょうか。ところがドイツでは「高齢者自身が、どうすれば楽しくポジティブに年をとれるか」が議論のテーマとなります。

日本とドイツ、同じ高齢化問題でも、視点が大きく異なっているようです。

ドイツ人より七年長く働く日本人

近年ドイツでは、自分の家で暮らしたいと願う高齢者がどんどん増えて、老人ホームはどうしても介護の必要な人が住むところになっています。ドイツ人は老人ホームが嫌いなのです。

理由としては、幼い頃から自主性を育てられる社会環境もあるでしょうが、自分の人生は最後まで自分で選びたいと願っている人が多いのです。その考え方が、「どうしたらポジティブに年をとれるか」というテーマを議論することに表れているのかもしれません。

ポジティブに人生を楽しむためかどうかはわかりませんが、ドイツ人は平均六十二・五歳で仕事を辞めます。その後はいわゆる年金暮らしとなり、社会とは距離を置いた人生が始まります。ところが日本人が仕事を辞める平均年齢は六十九・五歳です。

この差は大きいと思います。経済事情、あるいは社会事情が異なりますから一概には言えませんが、日本の老人のほうが長く社会とつながっているのです。

ドイツでは年金が国家財政を大きく圧迫しています。また、社会とつながらなくなると生き甲斐《がい》を見いだせなくなり、寂しい人生となりがちです。

そういう話を、来日したヴィトマン＝マウツ連邦保健省政務次官と公邸で話していたら、彼女がふと思い出したようにこう言っていました。

「そうそう、日本ではお年寄りが働くのですね！」

彼女は、公邸の前の道路で交通整理をする、働く高齢者の人たちに気がついたのでした。私は、それは非常に合理的な高齢化対策なのだ、と彼女に説明しました。高齢者になっても社会とのつながりを保つことができ、また彼らが収入を得ることは年金支出の抑制にもつながります。

そういう日本の現状を説明すると、まだ若い政務次官は「勉強になりますね」と、何かしらのヒントを得たようでした。

彼女らのような専門家が、よい解決策を見つけてくれることを期待しつつ、私はこうも考えるのです。「『高齢者の生活を楽しいものにするには』なんて、ちょっと余計なお世話

ドイツ大使公邸の正門前にある「不老門」という立石。

ではないのかな」と。

行政がお世話をしてくれるのはありがたいけれど、最後は自分で決めたいな、と思います。人生は人から楽しめるものにしてもらうのではなく、自分で楽しむものなのですから。

いつの間にか私も先のことを考えなければならない年齢になり、ときたま自分に問いかけています。

私は本当にポジティブな高齢者かな、と。

日本語は繊細で美しい

くだけたスピーチは相手への思いやり

久しぶりに、非常に力強い演奏のピアノリサイタルを聴きました。仕事で大忙しだった一日の終わりに、素晴らしい音楽を聴くのは最高に素敵な経験です。

しかし、この日の素敵な経験は、音楽だけではありませんでした。コンサートのあと、日本人ピアニストが舞台に出てきてお礼の挨拶《あいさつ》をしたのです。

挨拶にはいろいろな形があります。彼の挨拶は、口にしながら考えて、次々に直していく、そんな印象を与えるものでした。

つまり、挨拶がパーフェクトすぎると聴いている人が居心地悪く感じてしまうから、わざとくだける、ということです。

たとえば、イギリスの上流階級で育った人々によくみられるような癖です。つかえたり、発声を遅らせたり、意識的に少しだけドジをするのです。そうすると、聴いている人々の間にうちとけた雰囲気が生まれやすくなります。

私は聴き手への思いやりを感じる、とてもよい挨拶だと思いました。

外国人の思う、本当にいい日本語とは

この挨拶を聴いた時、まず感じたのは、やはり日本語はきれいな言語だなぁ、ということです。

こんなに細やかなニュアンスを伝えるなんて、よい日本語そのものだと思ったので、隣にいた日本語が流暢《りゅうちょう》な外国人に話しかけてしまいました。

「彼の日本語の挨拶って、いいね」

すると彼はこう答えたのです。

「ぜんぜん違う」

彼は重ねて言いました。

「お前は誤解しているんだ。よい日本語とはそういうものじゃない。日本語のよい挨拶とは、きちんと『みなさま、本日は足をお運びいただき……』と始まり、最後に『これで、私の挨拶とさせていただきます』と、決まった形で終わるべきなんだ。そうでないと聴き手

は居心地が悪くなってしまうんだよ。あの人はでたらめに複雑なだけ」

私は言葉を尽くして説明しました。こういう日本語の使い方こそ、チャーミングな印象を聴衆に与えることができるのだと。けれど彼は私の意見をまったく受け付けず、残念ながら私たちは最後まで合意できませんでした。

しかし、シューマンのピアノ三重奏のように超複雑な音楽を表現できる人は、きっと言葉の使い方も上手なはず！

彼の挨拶はやっぱり素晴らしかったはずだ、というのが私の最終結論です。

ドイツ大使公邸で英語を使うべき？

言葉についてあれこれ考えているから、また似た問題が起こるのか、それとも私が過敏すぎるのか、と考えてしまうようなことが起きました。

それは大使公邸でGerman Innovation Award（ドイツ技術革新賞）が贈呈される日のことです。この賞は毎年、在日ドイツ企業が合同で日本人の優れた学者を選び、賞の贈呈とともにドイツの研究所に招待しているものです。贈呈式を開くのは、私と在日ドイツ商工会議所の会長です。

と、ここまでは日独親善のために、非常によいお話。

ところが、問題は商工会議所の方からのメールにありました。

「私たちはみんな英語で話すことにしましたが、大使はどうしますか？」

うん？　一瞬考えました。

確かに前の年も、商工会議所のドイツ人はみんな英語を話し、大使、つまり私だけがドイツ語を話したのだったと思い出しました。

でもこれ、変ですよね？　参加者はドイツ人と日本人だけで、他の国の人々はいないのですから。

もちろん、私たちはみな国際社会の市民であり、国際語というものがあるのなら、それは英語でしょう。しかし、ドイツの公邸で英語？　首をひねり始めると、疑問は次々に湧《わ》いてきます。

どうしてGerman Innovation Awardというの？　Deutscher Innovationspreisではなかろうか？

ああ、言葉って、なんて難しい！

ヤクザ映画みたいな関西人はいなかった

江戸の文化は意外にも雅

東京・日本橋にあるTanne（タンネ）という、美味しいドイツパンのお店をご存知ですか？

ご主人は数十年前にドイツを旅して、ドイツが大好きになって、帰国後にドイツパンのお店を開いたそうです。今では彼のお嬢さんがお店を継いでいます。

ご主人はかつての江戸の中心・日本橋が大好きで、江戸の町人文化にとても詳しいのです。大使公邸でみんなで食事をした時にも、江戸文化の話をしてくれました。

江戸時代の日本橋はどのような様子だったのか、どんな店があったのか、何が売られていたのか、というようなことを、ご主人はいつも教えてくれるのです。

彼が教えてくれる江戸の文化に興味が湧いて、妻とともに深川の江戸資料館に行ったことがあります。

私は留学生時代に京都にいましたから、「まあ、江戸の町人文化といっても京都からすれば……」と高をくくっていました。

ところがこの資料館はすごい！

江戸の町並みが丸ごと再現してあって、町民の家の中にお邪魔できたり、池には猪牙舟《ちょきぶね》が浮かんでいたりするのです。

江戸時代の町人文化は上品というか、とても雅《みやび》だったのですね。タンネのご主人の話は本当だったんだなぁと、正直驚きました。

東京のがさつ者、京都の本音と建前

そういえば留学生の頃、京都の人たちが「東京の人はがさつ者だ」と言うのをよく聞いていました。

食事の席でそのことを話すと、タンネのご主人は即座に否定しました。

「それは違いますよ。むしろ京の都の人、特に女性は、外から見たら丁寧で優しいと思われるかもしれませんが、本当はね……」

と、京都特有の本音と建前のことを教えてくれたので、これまた驚きました。外から見ただけではわからないことは多いものですね。

実は私、昔はよくヤクザ映画を好んで観ていました。映画の影響で、ヤクザといえば大阪というイメージがすっかり刷り込まれてしまったので、今なら笑ってしまいますが、大阪には「ヤクザ＝がさつ者」がいっぱいいるのだろうと信じていました。

ところが仕事で三週間大阪で過ごしたのに、一人もがさつ者には出会えませんでした。なんだか残念なような、複雑な気持ちを抱いてしまったのでした。

日本の冬は足元が寒く、心が温かい

静の美を感じる雪景色

「きれいですか？　いやあ、もう嫌ですよ！」

妻と二人、秋田の田畑に降り積もる美しい雪にしきりに感激していると、案内してくれた女性はこんなふうに嘆いていました。二〇一二年冬、秋田日独協会創立四〇周年記念行事の時のことです。

確かに、東京から短期間訪れる旅人には美しい雪でも、そこで暮らす人々にとっては違う思いがあるのでしょう。秋田の冬はとても長いのですから。

それでも、静かに降り積もる雪を暖かい部屋から眺めるのは、日本ならではの美しい情景です。雪見酒も大好きです。ドイツでも雪は降りますが、その降り方は日本と違っているように思います。日本の雪には何というか、静の美があり、見る者の心を休めるのです。

そんなことを思いながら部屋に入ろうとして靴を脱いだ時、お、と日本とドイツのさらに大きな違いに気づきました。日本の冬は「下から寒い」のです。

ご存知のようにドイツを含めた西洋では、室内でも靴を脱がないのが一般的です。寒い日は頭から足先まで、全身を防寒します。

ところが日本では、セーターや長いズボンをはいていたとしても、靴を脱ぐので足先が無防備になり、下から寒さが上がってきます。暖房がついていても下からすーすーと風が吹いてくる感じがあって、とても寒いのです。

冬でも素足の女子高生には驚き

そういうわけで、ドイツ人の私にとっては足元対策が一番の寒さ対策なのですが、日本の人は足元の寒さがそれほど怖くないのかも、と思います。

小学生や女子高生は、上半身はマフラーやコート、手袋を着けていても、下半身は短いスカートや半ズボンで、素足丸出しで歩いているからです。初めて見た時は、それはそれは驚きました。寒さの感覚が違うのでしょうか。

その習慣は昔から続いていたようで、秋田の博物館で見た昔の版画でも、人々は藁沓《わらぐつ》で雪の中を歩いていました。

たいした違いではないかもしれませんが、私はそういった小さなことが文化的には大きな違いになるのだと思います。それが暮らし方に影響してくるからです。

ドイツにはこんなことわざがあります。「頭を涼しくし、足を暖かくすれば、医者も薬屋さんもいらない」。足元の暖かさは健康の要です。

ただ、夏目漱石《そうせき》の『吾輩《わがはい》は猫である』にも、「頭寒足熱は延命息災の徴《しるし》」という言葉が出てくるので、健康法は日独で共通していて面白いですね。

三十年越しの式典出席

三十年前の、秋田日独協会創立一〇周年記念の時のことを、私はよく覚えています。

当時、私は東京のドイツ大使館に初めて赴任した頃で、広報部の二等書記官として働いていました。全国の日独協会を訪問していて秋田の一〇周年記念にも行きたかったのですが、当時の大使は厳しく、許可してもらえませんでした。大切な記念行事は、大使のすべき仕事だと言われてしまったのです。

秋田から帰ってきた大使は、「秋田日独協会は個性的で、活発で、これからますます大事な役割を果たすようになるだろう」と言っていました。

あれから時が流れ、私は四〇周年の記念行事にやっと出席することができたのです。講演会、大きなレセプション、スピーチ、音楽……。市長も出席した素晴らしいイベントでした。あの時の大使の言葉どおり、秋田日独協会は個性的で活発なままでした。このような協会が、日独関係の基礎となってくれていると感じます。

記念行事以外にも、協会のスタッフには興味深い博物館や、明治時代から続く酒蔵を見学させてもらったり、男鹿《おが》半島を案内してもらったりと細やかにもてなしていただきました。

雪が多くて寒さが厳しい秋田の旅でしたが、東京から来た私たち夫婦は、人々の心の温かさばかりを覚えています。

欧米人が日本語を話すと喜劇が始まる

台湾人の妻は困り顔

ある日、山登りに出かけた妻と私は、下山の途中にベンチで休憩をしていました。そこに同じく下山中の、全身登山の装いの男性が、二人通りかかりました。挨拶を交わしたあと、二人のうち一人が妻に話しかけてきました。妻は台湾出身で見た目は日本人と変わりません。

「どちらからですか？」

あまり日本語を勉強していない妻でも、この質問には答えられました。しかし次の質問は無理でした。

「そういう靴で、あの上のほうの岩場はきつくありませんでしたか？」

妻が、わからないという顔で私のほうを向いたので、

「確かにきつかったけれど、大丈夫でしたよ」

と、私が答えました。すると、男性はまた妻に向かって、

「登山はよくするのですか？　時間があったら、次の峠のところで左に行くととてもいい竹林がありますよ。少し上りはきついですけれどね」

と言います。彼女が再び私を見るので、またも私から、

「竹林が素敵だという話は聞いていますが、今回は他に行くところがあるので、残念ながら時間がないのです」

と答えました。男性は「なるほど」と言い、それからまた、妻のほうを向いて質問したのです！

外国人が日本語を話す事実は〝見えない〟

男性の質問に答えていたのは妻ではなく、私です。

それでも男性は、明らかに外国人に見える私ではなく、日本人に見える妻を見て話し続けたのです。外国人に見える人が日本語を話しているという事実が、見えていないのです。

なんとも驚くべき、興味をそそられる面白い現象ですが、実はよくあることです。

短期間のアメリカ留学経験もある、日本でよく知られたある政治家ですらそうでした。

大使公邸内の枝垂桜の前で、妻と記念撮影。

その政治家は私たち夫婦との昼食の席で、日本語の話をあまり理解できない妻のほうばかりを向いて話し続けたのです。

日本人との間で何度も繰り返される、どうしても避けられない喜劇的な状況。

奇妙ですがなんだか興味深い現象で、私はこういった場面を、本当はけっこう楽しんでいます。

2章 日本とドイツの強い絆

皇太子殿下、二十四年ぶりのご訪独

写真を撮りたい！

ああ、カメラがないなんて残念！

そう思ったのは、ベルリンの薄青い空に飛行機が現れた瞬間でした。日本の皇太子殿下の乗られた飛行機が、日の入りを迎えた空から次第に降下してきます。尾翼には日の丸がきらめいています。

そうして、ついに皇太子殿下がベルリンの地に到着されました。

「写真を撮りたい！」

そう思いましたが、すぐに思い直しました。殿下を撮るなんて、失礼ですよね。その後に握手できただけでよいと思わなければ。

「ドイツにようこそ！」

皇太子殿下を握手でお迎えして、二〇一一年六月、殿下の実《じつ》に二十四年ぶりとなるドイツ訪問が始まりました。

殿下のお出ましにドイツ人大興奮

翌朝は、まずはドイツ連邦大統領との約一時間にわたる歓談からスタートしました。大統領公邸の庭でお待ちしていると、お二人が公邸から現れ、ゆっくりと広い庭を横切り、私たちスタッフ一同に近づいてこられました。よいお天気を楽しんでおられるようです。この場所に、日独友好の桜の木が植樹されました。

お二人の表情はとても和やかで明るくて、これは心が通じ合われたのだなと、私はとても温かい気持ちになりました。

明くる日は、朝からあいにくの雨。東ベルリンにある融水苑という日本庭園に、ベルリン市長とともに訪問していただく予定だったのでやきもきしましたが、幸運なことに時間が近づくにつれ、雨はやんだのでした。

融水苑の近くには大勢の人々が集まっていました。殿下と握手をするために、写真を撮るために、道路を横断してまで近寄ってくる人もいます。

その中には、ドイツ人のレストランオーナーと、日本人のガールフレンドのカップルもいました。彼女は殿下に、「今日が誕生日だから、殿下に会えたことはサプライズプレゼントみたいでとっても嬉しい」と伝えていました。

その時、突然歌声が流れ始めたのです。そばにいたおばあさん集団が歌い出したのでした。殿下がとても喜ばれたので、彼女らはさらにもう一曲歌い始め、殿下は笑いながら車中の人となられました。

すると、すぐにまた雨が降り始めたのです。殿下がお日様だったのですね。

過密スケジュールをお許しください

連邦大統領との歓談、連邦議会議長・連邦首相・ベルリン市長との話し合いなどなど、皇太子殿下の訪独スケジュールはまさに分刻みです。政治家たちとの懇談だけではなく、ベルリンの日独センターで温暖化対策会議にご臨席されたり、ベルリンの日本人学校を見に行かれたり、ベルリンフィルの演奏会にいらっしゃったりと、文化関連の予定もびっしりです。

皇太子殿下が二十四年ぶりにドイツに来てくださったので、ドイツ側は殿下と話したいこと、見せたいものを山のように用意していたのです。私の心の中では、こんなにきついスケジュールでごめんなさいという思いと、ドイツをもっと知っていただきたい、という気持ちがせめぎ合っていました。

慌ただしく時は流れ、あっという間にご帰国の日となり、殿下のお乗りになられた飛行機がベルリンの地を離れてゆきました。ご訪独は大成功。ドイツの日本大使館の方々はみんな嬉しそうです。無事に殿下をお見送りすることができて、ホッとしているようにも見えました。

こうして四日間にわたる皇太子殿下のドイツ訪問が終わったのですが、ついに写真は一枚も撮れませんでした。正直残念でしたが、そんな私の気持ちを察してくれたのか、後日、スタッフが何枚かの写真をプレゼントしてくれたのです。

皇太子殿下がドイツの地でにこやかに微笑《ほほえ》まれている写真は、私の宝物です。

オクトーバーフェストってなあに？

ドイツ人ぐらい愛しているのは日本人だけ

七〇年代、私が留学生として日本にいた頃にはよく質問されました。

「オクトーバーフェストってなあに？」

八〇年代、外交官として東京で仕事をしていた頃には、私たちスタッフはビアガーデンを回っては「オクトーバーフェストを開きませんか？」と提案していました。

そして今、私は断言できます。

「世界中で、ドイツ人と同じくらいオクトーバーフェストを愛しているのは、日本人だけだ！」

そう思ったのは、横浜の赤レンガ倉庫で開催されたオクトーバーフェストの開幕式に、横浜市の林市長と臨んだ時です。なんとそこには、ドイツ人をはじめとする外国人だけでなく、何万人もの日本人が集い、フェストを楽しんでいたのです！

林市長のような著名な政治家が参加したことも盛り上がりに大きく寄与したと思いますが、豪華で素晴らしいバンド演奏もまた、会場を大いに盛り上げていました。舞台からフェストの全貌を眺めつつ、私はどんどん嬉しくなっていきました。ドイツ以外の国、しかも私が大好きな日本で、こんなに盛大にオクトーバーフェストが開催されて人々が楽しんでいるのです。

この盛り上がりは、本場ミュンヘンのフェストにも負けていないなぁと心底思いました。この場に居合わすことができた自分の幸運に感謝しました。

実は日本人もドイツ人もパーティー上手

私の考えでは、日本人とドイツ人の共通点は、勤勉であることと、それでいて目いっぱいパーティーをエンジョイできるところだと思います。

世界の多くの国の人は、どちらかだけが得意なことが多いものです。パーティーは大好きだけれど、朝寝坊して仕事はそこそこ……な人が多い国。仕事はきっちりやるけれど、みんなでパーティーを楽しむのは苦手な人が多い国。

ところが日本人とドイツ人は一般的に、昼はまじめに仕事をしつつ、夜はパーティーを思いっきりエンジョイ、そして次の日の朝はきっちり仕事に行く人が多い、というのが私の印象です。なにごとも全力投球！　といったところでしょうか。

オクトーバーフェストの美味しいビールを飲みながらそんなことを考えていた私は、ふと自分の幸運に気づいて、思わずにんまりしてしまいました。今日は運転手さんがいてくれるから、私は運転しなくていいのだ！　思う存分フェストを、ビールを味わうことができました。

赤坂の酒場で騒ぐドイツ人は私です

ドイツ人が熱狂するカードゲーム

どうも変なドイツ人たちだな……。周りからはきっとそう思われていると思います。場所は赤坂の、とあるドイツ式の酒場。ドイツビール、りんご酒、そしてソーセージ、黒パン、ザウワークラウトなどを出してくれるお店です。そこに毎月現れては、妙に盛り上がっているドイツ人グループがいるのですから。

種明かしをすると、盛り上がっている理由はSkatというドイツ人が大好きなトランプゲーム。〝スカート〟と読みます。語源はイタリア語やフランス語にあるとされていて、「伏せて置く」という意味です。

原則としては三人で行うゲームですが、交替しながら四人でやるのはよくあることです。我々のSkatクラブは十五人なので、四つのグループに分かれてやっています。

ルールは国によって少しずつ違うのですが、大きく分けるとドイツ式とフランス式があり、ドイツ式の中にもいろいろなタイプがあります。一人が勝とうとするのを、残りの二人が阻止するゲームなのですが、ううむ、なかなか説明が難しいです。

女人禁制、男だらけの真剣勝負

我々のクラブでの決め事として、負けた人にはあるペナルティーがあります。

それは「お酒」。負けた人は残りのプレーヤーに、シュナップスという日本の焼酎《しょうちゅう》のような強いお酒をおごらなければなりません。そして、みんなで立ち上がって歌を歌ってから、お酒を飲み干します。

このシステムだと、負けた人はお金がかかって大変ですが、勝ってばかりでも延々と強いお酒を飲み干すので、それも嬉しい悲鳴が上がります。

女性がいる場所では、男はどうしてもかっこつけたくなってしまうものです。それにエキサイトしすぎる危険がありますので、このクラブは女人禁制。配偶者であれ、恋人であれ、ここに連れてくることはできません。どこまでも真剣に、Skat に取り組むクラブなのです。

その代わり、負けた人と遅刻と欠席の人が払うペナルティーを積み立てて、年に一度、

Skatクラブの紳士たちと。ジャケットを着ているのが私。我ながらいい笑顔！

理解あるパートナーたちへのお礼として旅行の会を開いています。

我々のクラブは大変真剣ですので、ひやかしお断わりの会員制です。代々のドイツ大使とEU大使は必ず入会することになっていますが、それ以外の新規入会希望者は、テストを受けてもらいます。Skatと、歌のテストです！　会員全員の賛成を得なければならないので、かなりの狭き門です。

先日はクラブのみんなでホテルに泊まって、心置きなくゲームして、飲んで、歌って、またゲームして、飲んで、歌って！　それが朝まで！　ああ、楽しかった！

打ち明けると、一番負けたのは私です。でもきっと、一番楽しんだのも私だったと思います。

そうそう、このSkatクラブにはテーマソングがあるのです。

タイトルは我々の基本理念と同じ、「エキサイトしないで!」。

公式、非公式の日独外交史

外交の礎となった老中と伯爵

二〇一一年五月、茶道の御家流《おいえりゅう》の安藤綾信《あやのぶ》先生から、護国寺でのお茶会に招待していただきました。

お寺の本堂には、大きな掛け軸が二幅掛けてあります。

一幅にはオイレンブルク伯爵の肖像、もう一幅には安藤信正公の肖像が描かれていました。

その掛け軸を見た瞬間、今日は日独交流一五〇周年のお祝いの会をしてくださるのだとわかりました。

オイレンブルク伯爵は百五十年前、江戸幕府と交渉して修好通商条約を結んだ人です。そして日本側の交渉担当が、老中の安藤信正公だったのです。

交渉はうまく進みましたが、数ヵ月後に安藤信正公は浪人に殺されかけています。彼がいなかったら、日本の近代化はもしかしたら遅れていたかもしれないのです。信正公の功績を忘れてはいけません。

安藤先生のお嬢様のお点前《てまえ》はとても美しく、まずはオイレンブルク伯爵に一服差し上げ、それから祖先である安藤信正公に献上していました。そうです、安藤先生は信正公の子孫なのです。

そして、ドイツの国旗をイメージした黒・赤・金色のお菓子も出てきました。これは私たちへのお心遣い。人を楽しませるというお茶の精神を感じました。

百五十年前に日独関係の礎《いしずえ》を築いたオイレンブルク伯爵、安藤信正公とともにお茶をいただけて、大変光栄な一日となりました。

最初にやってきたドイツ人は武器職人や医者

日独交流は二〇一一年に一五〇周年を迎えましたが、「一五〇周年」というのは外交上の公式の交流を指しています。

調べてみると、それ以前から個人レベルの交流、また商業上のやりとりといった日独交流は相当あったようです。

一六四八年までオランダは神聖ローマ帝国の一部でしたので、ドイツ人はオランダの船に乗って日本にやってきました。

最初に日本に来たドイツ人は、大砲を作る武器職人だったと記録にあります。

ただ、これは記録の中で一番古いとされている、というだけの話です。

ドイツ人はいろいろな国の船に乗っていましたから、一説ではオランダの船に乗って来日した医者のほとんどがドイツ人だったとも言われています。

日本学の祖・ケンペルとシーボルト

その中でもケンペルとシーボルト、この二人のドイツ人が「日本学」という学問を築いたことは言うまでもありません。

特にシーボルトにはいろいろなエピソードがありますから、彼のことを語り始めると長くなってしまいます。

医師のケンペルは、一六九〇年に来日しました。仕事のために来日した他のドイツ人とは違って、日本そのものに関心を持っていた、最初の学術的な日本研究者です。

研究内容を本にまとめ、ヨーロッパに日本の知られざる姿を伝えました。

そしてシーボルトもまた、医師として来日し、日本を研究した人です。一八二三年に来日し、ケンペルと同じく日本に関する本を書きました。しかし一八二九年、日本の地図を国外に持ち出そうとした疑いで国外追放となりました。ドイツに帰国したシーボルトは学者として本を出しましたが、政治にも影響を及ぼそうとして、オランダ国王やロシア皇帝やイギリス国王に手紙を書きました。日本に向かうペリーの黒船にも乗せてもらおうとしましたが、シーボルトがロシア皇帝に近い人物であったために断られたと言われています。

シーボルトは、一八五九年に特別な許可を得て再来日しています。その後は息子二人が、通訳を務めるなど日独関係のために働きました。長男は日本からのヨーロッパ使節団にアドバイザーとして同行しました。当時の蘭学者はヨーロッパの中でも特にドイツの医学を学びたかったのです。

ドイツに最初に行った日本人も、医学を学びたい蘭学者だったとされています。明治維新よりずっと前、一八五八年にドイツに着いたという記録が残っています。

一八六二年、江戸幕府が派遣した最初の使節団で、福沢諭吉が通訳として同行した文久使節団がドイツに着いた時には、すでに日本人の医学生がいたと言われているのです。

日本人はドイツの医学と武器に興味があり、文久使節団も病院と武器工場に視察に行ったそうです。

このように、両国に格別の関心を抱いた先人たちのおかげで始まった日独関係が、百五十年以上も連綿と続いているのは素晴らしいことです。これからの百年、二百年もそうであるように願ってやみません。

年末の第九はドイツ人兵士から始まった

高松市にある「ドイツの館」とは

二〇一一年にドイツの勲章を授与された大坂靖彦さんは、二〇〇九年、高松にDeutsche Hütteを創設されました。Deutsche Hütteは直訳すると「ドイツの小屋」です。しかし、大坂さんが使っている日本語訳の「ドイツの館」のほうがぴったりです。なにしろ立派な一棟のビルなのですから。

彼がドイツの館を建てた目的はいくつかあり、日本人にドイツ語を教えること、いろいろなドイツ関連のイベントを開催することなどです。中でも興味深い目的は、来日するドイツの若者を泊めてあげるということでした。

高松を訪れて見学させてもらった私は、若者たちがきっと喜ぶだろうなぁと思いました。部屋はいくつもあり、自分で料理を作れるキッチンもあります。さらには彼らの面倒を見てくれる地元の人々もいると聞きました。

しかも、どういう若者が来るのかと聞いたら、大坂さんが設立した組織の援助で日本に旅行をする人だというのです。こういう組織のおかげで来日できるドイツの若者は間違いなく幸運です。

地元民に愛されたドイツ人兵士たち

館には、さらに私の興味を引く部屋がありました。その部屋には第一次世界大戦時にドイツ兵士が使ったベッドなどが置いてあるのです。しかしこれは、本物でもあり、偽物でもあります。

植民地を求めていた二十世紀初頭の日本は、第一次世界大戦で敵国となったドイツが植民地にしていた中国の青島を攻略し、ドイツ人兵士約四千七百人を捕虜にしました。徳島県の鳴門市板東にはそのドイツ人兵士の収容所がありました。しかし、ドイツ人兵士はすぐに日本人兵士や地元の人たちと仲よくなって、「ドイツ村」のようなものを作りました。当時の「収容所新聞」によると、ドイツ人兵士によるオーケストラが三つもあったそうです。

彼らは一九一八年にベートーヴェンの「交響曲第九番」を日本で初めて全曲演奏し、こ

映画『バルトの楽園』の貴重な小道具が展示されている。

れがやがて日本の年末恒例の「第九」につながっていったのです。

そのドイツ人兵士にまつわる映画『バルトの楽園《がくえん》』が二〇〇六年に公開されています。部屋の中のものは、みなこの映画のセットで使われた小道具を大坂さんが譲り受けたものだったのです。本物でもあり、偽物でもあるでしょう？

ただし、大坂さんのような志の高い人間でないと、こういった品々は寄贈してもらえない、ということは紛れもない事実です。

ドイツで絶賛された東京の大使館

全世界のモデルケース

二〇一三年九月、ドイツ外務省の大使会議がベルリンで開催されました。会議では、いろいろなテーマでパネルディスカッションやワークショップが開催されました。

不思議なことに、私が参加しなかった「広報」がテーマの会議後に、たくさんの人から「日本のドイツ大使館は世界各国のドイツ大使館にとってのモデルケースですね、おめでとう！」と次々に声をかけられました。

どうやら、「広報」の会議ではソーシャルメディアを研究する教授が、全世界のドイツ大使館のホームページを調査した結果を発表したのだそうです。

その中で、日本のドイツ大使館による「大使日記（私のブログ）」と、「miau!（ドイツ大使館居候ネコ）」のツイッター（@neko_blog）、ドイツのライフスタイルを日本に紹介するサイト「Young Germany」が、〝best practice（最もよい取り組み）〟と評価されたのです。

これもすべて、いつも協力してくれる大使館の職員たちのおかげです。本当にありがとう！

ただ、私はとても嬉しかったのですが、他の大使たちは困っていたかもしれません。なぜなら、今後、彼らは日本の大使館がやっていることを真似《まね》しなくてはならない可能性があるからです。それは、ただでさえ忙しいのに、仕事がさらに増えるということも意味していて……。

大使同士で〝同期飲み〟

大使会議の期間には、いろいろな行事が同時進行で行われます。

ベルリン市が大使たちを招待するさまざまな活動に参加したり、この年に定年退職する大使たちのためのレセプションに行ったり、次官と次の転勤の話をしたりと、やることはまさにてんこ盛り！

それから、外務省の同期である他の国に赴任している大使と飲みにも行きました。三十四年以上ともに外交官をやってきたのですから、話題はつきません。

ところで、今回の会議のために日本を発《た》つ直前、ベルリンの外務省から電話が入りまし

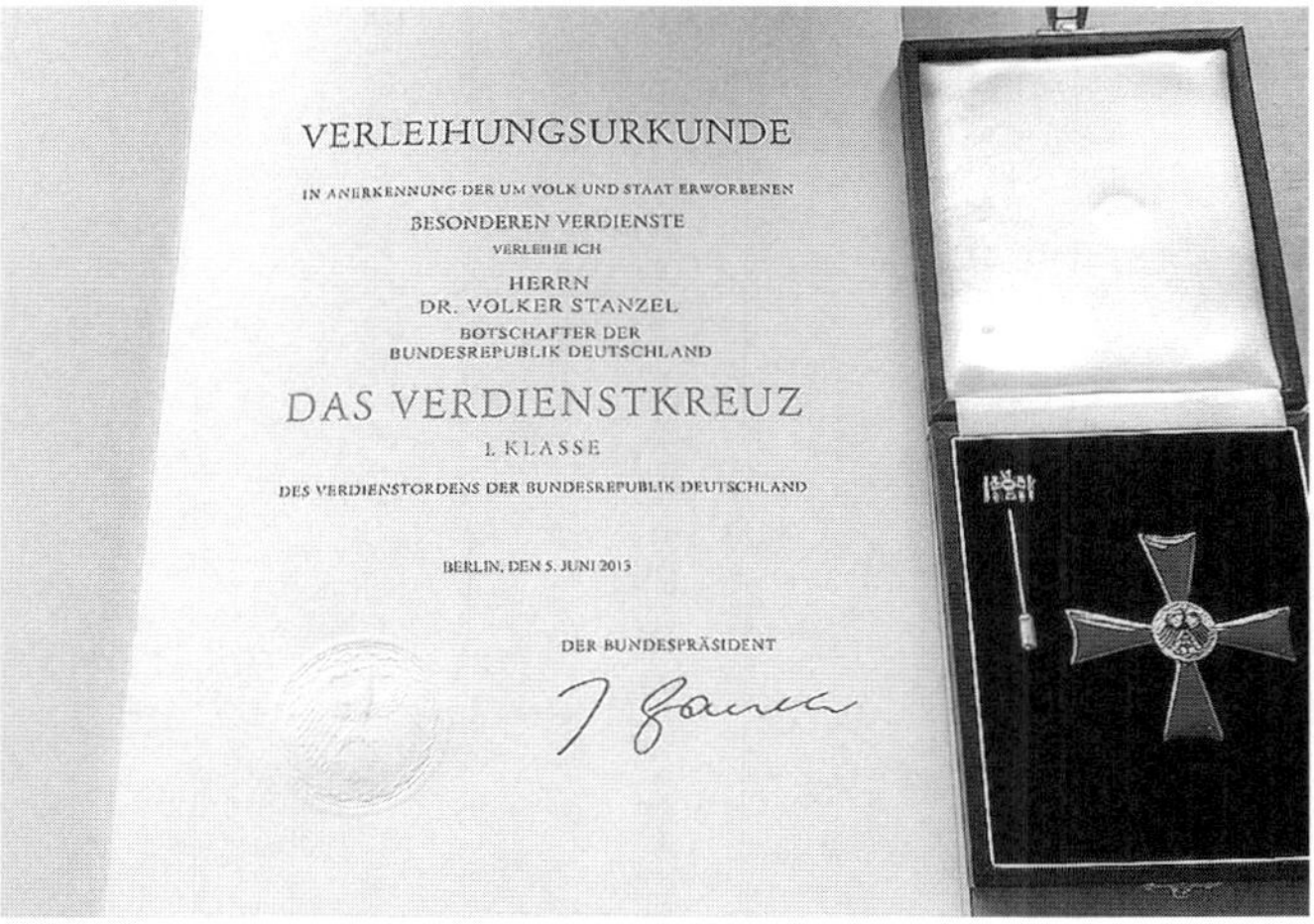

日本のドイツ大使館の代表として受け取った勲章。

た。

「ちょうどベルリンにいらっしゃるのですから、勲章伝達式もその時にしましょう」

え、私が受章？　驚きました。ドイツ連邦大統領が、二〇一一年三月十一日後の仕事ぶりを評価した結果だそうです。しかし、これは私一人が受章したのではありません。私は単なる、大使館スタッフ全員の代表です。これは大使館職員全員がもらうものなのです。

このように、会議期間中にはいろいろな嬉しいことが重なりました。本当に忙しかったけれども、幸せな時間でもありました。

ドイツ科学を救った日本人

星薬科大学の創立一〇〇周年

東京にある星薬科大学の、創立一〇〇周年記念式典に招待されました。講演してほしいと頼まれたのです。

どうしてドイツ大使が呼ばれるのか、不思議に思うかもしれませんが、これには素晴らしいエピソードがあるのです。

星薬科大学の創設者は、星一《ほしはじめ》さんという方です。百年前に星薬科大学を創設した時、彼はすでに会社の社長として成功していました。その頃、第一次世界大戦が起き、ドイツは敗北します。

その時に星さんは、経済的に大打撃を受けて苦境に立たされているドイツを支援しようと決め、四万三千マルクという、現在の価値では二十億円とも言われる大金を、ドイツの科学研究振興のため寄付したのです。

星さんは、明治時代の日本がドイツの科学者にいろいろと教わったことに感謝していて、今こそその恩を返す時だと思ったそうです。その寄付金は、当時のドイツ科学研究にとっては相当に大きな額で、ありがたい支援であったと聞いています。

のちにドイツのエーベルト大統領は感謝の意を表して、ノーベル化学賞受賞者であるドイツ人のフリッツ・ハーバー氏を星薬科大学に送り、感謝の手紙を託したそうです。

この話を知った時、私の胸はとても熱くなりました。

それから、なぜいわき市の日独協会の方々と、ドイツとの交流が深いのか、その理由にもたどり着きました。星さんはいわき市の出身だったのです。彼がドイツに多額の寄付をして以来の交流が、今に至るまでずっと続いているのです。

思いがけないところにドイツと日本の素敵なエピソードがあり、人々の交流が今でも続いていることを本当に嬉しく思います。

宮古島とドイツの独特な関係

ドイツの難破船を助けてくれた

一八七三年、ドイツの貿易船が中国からオーストラリアへと向かう途中、台風に襲われて宮古島の近くで難破しました。その時、宮古島の人々が遭難した船員たちを助け、ドイツへの帰国に尽力してくださいました。

その後、ドイツ皇帝は軍艦を派遣し、宮古島に記念の石碑を建立しました。近衛《このえ》総理大臣はこの話を博愛の象徴として日本の教科書に掲載し、シュレーダー首相は二〇〇〇年に宮古島を訪問しています。

その特別な〝宮独関係〟を祝うために、毎年宮古島の「うえのドイツ文化村」でダンケフェストが開催されています。二〇一一年の七月に会場に着いた私は、驚きました。

ドイツのマルクスブルク城にそっくりの城があり、おちびさんたちの踊りが披露され、続いて大人によるヨーロッパ風の踊り、そしてビール飲み競争。そして夜にはポップスコ

2000年にシュレーダー首相（当時）が宮古島を訪れたことを記念する石碑。

ンサートが開催されたのです。

このどかな宮古島に「ドイツがある」のは、なんとも不思議な感じがします。

世界のフラット化がもたらしたもの

世の中のグローバル化はものすごいスピードで進んでいます。コミュニケーション、貿易などはやすやすと海を越え、国境を越え、手軽なものになっています。アメリカ人であるフリードマンが「世界のフラット化」と言いましたが、上手《うま》いことを言ったものですね。

宮古島では、世界のフラット化をよくも悪くも実感することになりました。

バブル時代、宮古島の上野村にはアイディアマンの村長がいらっしゃいました。十九世紀のドイツとの友情をテーマにして「ドイツ村」を作るという計画を立て、ドイツで一番有名な城の一つをそっくりコピーして建てたのです。

城の中にはドイツから買い付けた中世時代の貴重品がたくさんあります。家具、絵、日用品などがドイツを伝えています。マルクスブルク城のものとそっくりのチャペルでは結婚式もできるそうです。

ところが、バブルがはじけて観光客は激減しました。世界はフラット化し、人々は旅行のしやすくなった中国や東南アジアに出かけるようになったのです。

皇帝が贈呈した記念碑は、照りつける南国の強烈な日差しや、離島特有の強い風のために崩れそうになっています。

このままフラット化が進行すれば、宮古島であれ、世界の他のどこであれ、そのうち旅行そのものに誰も関心を持たなくなる日が来てしまうかもしれません。

忘れ去るにはもったいない友情のシンボルであるドイツの城が、この沖縄の島にあったとしても。

最先端技術と、変わらぬ伝統

この小さな島から伝統が消えてゆきつつあるのを見るのは寂しいことでしたが、驚いたこともありました。それは最先端技術を使った「地下ダム」です。

なんでもこの島では地下にダムを造り、土の下に流れる水を貯め、それを農業に活用しているというのです。その成果はすでに上がっていて、美味しいマンゴーが収穫されていました。島では水不足が日常化していたので、これまで農業で収入を得ることは夢のまた夢だったそうです。

風力の上手な使い方の研究、ソーラーパネルの実験、バイオエタノール混合のE10ガソリンを作るための研究など、エコに関する研究所がこの地にたくさんあるのです。宮古島はいつの間にかエコの最先端基地になっていたのでした。

さらに嬉しいことに、しっかりと残っている伝統もありました。「おとおり(お通り)」です。

テーブルについている人がみんな、同じコップで順番に泡盛を一気に飲み干すというものです。一巡したら注ぐ担当が交替し、また順番に飲み干します。注ぐ担当が一巡するところで一サイクルです。つまり十人いたら、十杯は必ず飲むことになります。

もちろん私も「おとおり」を体験しました。だいぶ酔っぱらったあとに、色紙に何か書いてくださいと頼まれたので、なんと書いたらいいのかだいぶ悩んでしまいました。泡盛のあとだから「二日酔い」？　いえいえ、私が書いたのはこの言葉です。

「宮古人の心の温かさ」

これで正解だったと、今でも思います。

なでしこ世界一

ドイツも日本も、どっちもがんばれ！

まさに、手に汗握る試合でした！　二〇一一年七月十日、ドイツにてサッカー女子ワールドカップ準々決勝、ドイツ対日本戦が行われました。

二年前の対戦では0対0でしたから、今度こそ決着をつけなくては！　という気持ちで日本でゲームをテレビ観戦、やはり両国は強くて楽しかったけれど……。

もちろん私たちドイツ大使館のスタッフはみんな、なでしこが大好きだけれど、今だけはドイツの「Mädels（女子たち）」にも、もう少しがんばってほしかった！

ドイツチームはチャンスが多くて、なでしこチームは少なかったのに、どうしてゴールできないのか悔しい！　日本にお客さんとしてお邪魔している身ですから、いつもは日本の勝利を望んでいますが、今日ばかりはドイツの勝利を願うのは当然です。「あっ！　危ない！」と何回もテレビに向かって叫んでいました。でも、しょうがないですね。

結局は、すごく強くてがんばる気持ちの勝っていたなでしこが、たった一度のチャンスをつかみ、丸山桂里奈《かりな》選手の素晴らしいゴーーーール!! やった! 胸の半分は苦しい、半分はなでしこのために嬉しい。

その少し前にドイツに帰国した時、女子サッカーの大きなポスターを見ました。

「男子のみんな、私たちはあなたたちの代わりにチャンピオンになるからね!」

この約束が実現できなくて残念だとは思いましたが、日本のなでしこは本当に素晴らしかったので、こんな言葉を送りたいです。

「おめでとう! 絶対に決勝戦まで行ってくれよ、大いに応援するから!」

そして我らが「Mädels」。今は涙を流しても「seid nicht traurig!(悲しまないで!)」

我々はこのワールドカップのホストだから、なでしこたちにチャンピオンになってもらって、一緒に祝いましょう!

世界一心が強かったチーム

そして七月十八日の早朝、私は四時四十五分からテレビを見始めましたが、一気に眠気がふっとびました。日本対アメリカの決勝戦、もう、目が釘付《くぎづ》けです。特にキーパーの才

2011年10月に来日したドイツのヴルフ連邦大統領（当時・左から２番目）と、なでしこジャパンの安藤梢選手（左）、丸山桂里奈選手（右から２番目）。

能にはほれぼれしました。

アメリカは強い。でも、なでしこはあきらめない。最後のＰＫまで素晴らしかったです。

私たちドイツ人は、もちろんなでしこの勝利を信じていました。なぜなら、「私たちドイツが負けたチームは、世界一のチーム」でなければ！

だからドイツ大使館では、前日に二百人の日本人のサポーターを招待して、「なでしこジャパンがんばれ」パーティーを開いたのです。残念なことに私自身は沖縄にいて参加できなかったのですが、スタッフによれば、このパーティーの応援のエネルギーが、きっとなでしこジャパンに届いたに違いないとのこと。

なでしこジャパンは心が世界一強いから、最後まであきらめなかったから、勝ったのです。しかも舞台は私の故郷であるドイツ・フランクフルト！

澤穂希《さわほまれ》選手は試合前に、「サッカーの神様がこのチャンスをくださった」と言いました。その神様の名前は「澤」ではないでしょうか。

この勝利は、なでしこたちから日本のみなさんへの最高のプレゼントですね。

心からおめでとう！

3章

日本の政治は不思議だらけ

最初の印象は「被爆国」だった

十歳の授業で日本の反核運動を知った

生まれて初めて「日本」という国に関心を持ったのは、十歳の時でした。初めて原爆のことを聞き、反核兵器運動について知ったのです。

私の家は祖父も両親も政治への関心が高い人たちで、幼い私にも政治や外交の話をよくしてくれました。

そういう環境のおかげで私は政治への興味がもともとある子どもだったのですが、その頃、学校の先生が、イースターデモ（Ostermarsch）の話をしてくれました。

ふつうであればイースターは休暇です。先生は私たちに、「みなさん、イースターには何をする予定ですか？」と質問しました。私たち生徒は、あれこれと遊びの予定を話します。

ところが先生は、自分はイースターに遊ばないのだと言うのです。そして、当時世界各地で何十万人もの人が参加していた、イースターデモの意義を説明してくれました。

戦時中に、広島・長崎に原子爆弾が落とされるという恐ろしい出来事が起こり、その日本から反核運動がアメリカやヨーロッパなど全世界に広がって、反核と平和を訴えるイースターデモが行われているのだと先生は教えてくれたのです。

この時に広島・長崎のことを知って、また、家に帰ってから両親や祖父ともその話をしたことで、私は日本という国に初めて関心を持ちました。

そして、十五歳になると、今度は自分も反核と平和を求めるデモに参加するようになったのです。

広島・長崎を深く学んだ青年時代

初めて広島の平和記念資料館を訪れたのは、一九七二年、二十三歳で留学生として日本に来た時のことでした。

十歳で広島・長崎の原爆投下を知ってからというもの、私はそれにまつわるたくさんの本を読み、写真を目にしていました。ですから、この時に見た資料には正直に言うとそこまでの驚きはありませんでした。むしろ、これまでに自分が調べてきたこと、読んできたこと、想像してきたことの数々を確かめるような経験でした。

他方、「ああ、ここがあの悲劇の現場なのか」という事実には大きく心を揺さぶられ、大変強く印象に残っています。

広島の平和記念式典の荘厳さ

先生の話を聞いた少年の日から五十二年という長い月日が流れ、二〇一二年八月、私は初めて広島の平和記念式典に参加することになりました。

本音を言うと、行かなくてもいいかな、と思っていました。私は若い頃に広島・長崎の原爆投下を深く勉強し、広島にも長崎にも行って調べたので、だいたいのことはわかっているという自負がありました。それなのに形式的な式典に行く意味があまり見いだせなかったのです。

式典に出ても、自分にとって学ぶことはないのではないか、そう思っていました。しかし近くで別の予定があったこともあり、出席することにしたのです。

参加してみると、式は本当に心動かされるものでした。印象深い式でした。原爆投下という悲惨な出来事を思い起こすのに、ふさわしい重々しさがありました。形式的なだけの行事ではまったくなかったのです。

参列者は内閣総理大臣をはじめ全員、屋根もなく太陽が照りつける中に着席します。しかし被爆者の方は屋根のある席に案内されていたり、ミストで涼をとれるようにしてあるなどの細やかな配慮がありました。

被爆者の方も国の代表者も、一堂に会し、原爆の悲惨さと平和への思いを新たにする式で、とても意義深いと思いました。行って本当によかったです。

敗戦国としての日本とドイツ

負けて得たものは大きい

「結局、俺はナチだ」

信じられないその発言は、デンマークの映画監督ラース・フォン・トリアー氏の口から発せられました。二〇一一年のカンヌ国際映画祭の記者会見でのことです。結果、彼は映画祭そのものから退場することになってしまいました。

監督が言いたかったのは、自分は映画監督としても一個人としても「ドイツ人的」であるという意味だったようです。ドイツ人的というのは、物事をきちんと、効率的に成し遂げる人ということで、その表現として「ナチ」と言ったのだそうです。

同じような騒動は、十年ほど前に、ある若い中国人女性作家にもありました。彼女は小説の中で「あたし、ナチが大好きだわ」と書きました。この作家の場合、きちんとした生活を送り、効率的に生きているボーイフレンドを「ナチ」と表現したのだそうです。

世界中に、歴史に興味のない人は大勢います。しかしながら、ナチスは想像を絶するほどに残虐な行いをしました。これは事実であり、何ぴとたりともそれを忘れてはならない、と私は考えます。デンマーク人であれ、中国人であれ、それは同じです。何百万人もの犠牲者に同情と尊敬を感じるべきです。それこそが、人間らしい行為なのだと思います。

そしてそれは、ナチズムを経験していない世代の義務でもあります。

これはドイツ人としてときたま考えることなのですが、もしもナチスが戦争で勝っていたらドイツはどんな国になっていたのでしょうか。

おそらくは、独裁主義が横行し、個人的な自由のない国となっていたはずです。戦争ばかりを繰り返し、自国民にも他国民にも不幸をもたらす国になっていたのではないでしょうか。

戦争に負け、その結果として自由が保障されたことで、文化や経済が発展し、今の豊かなドイツが出来上がったとも言えるのです。

近年行われた世界規模の世論調査の結果によると、ドイツは世界の人から好まれる国のトップクラスです。そして日本も上位ランキングの常連だと知ったとき、私は思ったのです。ここにも日本とドイツの共通点があるなぁ、と。

公邸の地下酒場に議員をご招待

ビールがすすんでからが本番

ドイツ大使公邸には「ビアケラー」があります。ドイツ語で「ビールが飲める地下酒場」というような意味で、公邸の地下にあります。気楽に話ができて、ビールもドイツソーセージもごちそうできるところです。

この小さな居心地のよい空間に、数名から十数名程度の国会議員の方々を招く集まりを開いてきました。私の任期中の四年間に、ほとんど定例化された催しです。陣営も、年齢も、ドイツに関連があるかどうかも問わない集まりです。

忙しい方々ですから、長居をされない議員も多くいらっしゃいます。一方で、ビールと食事をしっかり楽しんでくださる議員の方もたくさんいらっしゃいました。

開始から時間がたち、ビールがすすむと、いよいよ面白くなります。

ビールが足りなくならないように、準備には細心の注意を払う。

垣《かい》間《ま》見《み》えた熱い志

議員に対する日本の方々の評価はさまざまだと思います。ドイツを含む他の民主主義国でも、それは同じです。

しかし、どの民主主義国家でも共通して、「政治家」というのは間違いなく最も疲れる職業の一つです。地元の有権者のために仕事をし、足しげく選挙区通いをする一方で、国会に戻れば国全体を左右する多数の政治的課題・問題に目を配り、国会審議やその他の協議の資料にも目を通さなければなりません。

他党との権力闘争もあれば、自党内部の権力闘争もあるでしょう。大変な集中力、コミュニケーション能力、忍耐力、そして何よりも健康と体力が求められます。

このような職業を選ぶのは、国と国民にとって重要な課題や問題、またその解決にきわめて大きな関心を持ち、全身全霊を政治に捧げられる人々なのです。

大使公邸のビアケラーにおける長時間の対話でも、政治家のみなさんの熱意が伝わってきました。自分が熱心に取り組んでいるテーマの話題からなかなか離れない議員や、笑いながら、あるいは興奮しながら、外国の大使には細部までは理解されないと承知しながらも、ある問題を詳細に説明してくださろうとする議員もいらっしゃいました。また、日を改めて特定のテーマが繰り返し話題になることもありました。

このような対話により、日本のあるがままの姿を感じることができた気がします。今、どのような問題が日本の人々にとって重要なのかが理解でき、絶望的に複雑な問題でも政治家が知恵を絞って取り組んでいる様子を目の当たりにすることができました。

議員というのは、自らの頭脳を他者のために使わねばならないことを心得た人々です。

日本の政治をつくっている人々との密度の濃い対話は、ぜひもう一度やりたいことの一つです。

政治家と官僚の関係は興味深い

国会での日独友好関係記念決議

東京に来て一年半が過ぎた二〇一一年四月、初めて国会へ行きました。この日は日独両国にとって、とても大切な日だったのです。

我が国・ドイツは、日独友好関係が一五〇周年であることを祝い、その関係と交流の意義を強調する連邦議会決議をすでに一月に採択していました。そしてこの日、日本の衆議院でも同様に記念決議が採択されたのです。

正直、とてもワクワクしました。なぜなら、その記念決議の文言には、「信頼関係に基づくパートナーであるドイツとともに、国際平和の実現に向けて最大限の努力を……」という一文があったからです。

国会で傍聴している時にこの一文を聞き、ポジティブなその姿勢がとてもいいと感じたのです。

私たちドイツ人と日本人は、互いに協力し合って、ともに国際平和への道を歩まなければならない。その責任と決意が明確に表現されている文章だと感じました。

日独関係に興味を持ってくださる日本の議員の方々はこの日、世界に向けて素晴らしい声明を発表されたのだなぁと、胸が熱くなりました。

日本は官僚の力がとても強い

ところで、外国人にとって日本の「不思議」はたくさんありますが、その一つが「日本の官僚」です。日本では官僚の影響がとても大きいように思います。官僚は一定期間つねに変わらないのに、一方で大臣などの政治家はしょっちゅう変わります。それは日本人の友人たちも苦笑いしながら認めていました。

「私たちも総理や大臣の名前を覚えるのが大変なんですよ」

だから若い人たちが二代前の総理の名前を覚えていないのは仕方ない、とも言っていました。

なぜ日本の官僚は影響力が大きいのかと考えた時、私は一つの考えに行き当たりました。

それは、「膨大な知識や情報が官僚に集中しているから、政治家は官僚を信頼している」

という説です。官僚が強すぎるから時には政治家が自分で決定するのが難しくなる、あるいは決定できない、という辛辣《しんらつ》な意見もあります。

ともあれ、外国人から見ると、日本の政治は官僚が動かしているのではないかという印象があるのです。

ベストセラーになった本に、『日本中枢の崩壊』(講談社)があります。著者の古賀茂明さんが公邸に来てくれて、「わりに批判的な意見」を述べてくれました。そして、これからどういう変化をしていくべきかをはっきりと分析してくれたのです。

ご著書にも書いてあるように、「政治家はもっと責任感を持って行動し、官僚を主導しなければならない。官僚システムにすべて丸投げする状況が続いてはいけない。官僚というものはただ、慣例どおりに反復してゆくだけなのだから」というのが古賀さんの意見でした。

経済産業省の高級官僚だった彼の説明には、重みがありました。持論は素晴らしく論理的で、納得できることも多々あります。

しかし……正直ちょっと辛かったです。

なぜなら、私も「官僚」の一人ですから。

政治を「眺めている」若者の姿

ドイツ「海賊党」の衝撃

二〇一一年頃、ドイツの友人や同僚と政治の話をしていて「海賊」がよく話題になりました。「海賊？　なんで政治と海賊が関係あるの？」そんな疑問が湧きますよね。それには理由があるのです。

近年、ドイツの若者の多くは選挙で参政権を行使しません。それは日本と同じなのかもしれませんが、決して政治に興味がないわけではないのです。

彼らは、今の政治家が若者の考え方やモノの見方、問題意識を理解していないと受け止めています。特に、インターネットの世界への理解が足りない、と主張している若者たちがいます。彼らは、政府がインターネットを規制しようとしていること、ネット社会を監視しようとしていることを「許せない」と考えています。

ユニークなのはその後の彼らの行動です。それならば「海賊」みたいに、匿名の人同士がどこからでも手軽に、インターネットを駆使して政府と戦おう！　と動き出したのです。「海賊党」の党内の会議はすべてネットでオープンになっています。党首は当時なんと二十八歳。二〇一一年のベルリン州議会選挙に立候補しましたが、マスコミは彼らが得票できるとは考えていませんでした。

ところが、彼らは全投票数のうち、九％を獲得したのです。

これには、政界も一般市民も驚きました。もちろん、私もびっくりしました。

ワンテーマ政党の難しさ

これは、一つの時代の流れなのかもしれません。少し前まではインターネットそのものがありませんでしたし、まさかネットが政治の世界で「武器」になるとは考えられてもいませんでした。

その後、海賊党はザールラント州の選挙でも得票数を伸ばし、その急激な成長を、他党が警戒しているとも報じられていました。

彼らは政治の世界に革命を起こせるのでしょうか。今後のドイツの政治を変えていくのでしょうか。

私は少し心配していました。というのも海賊は眼帯をしていて「片目」しかありません。ということは、「海賊党は一つの世界、インターネットの世界しか見えていないのではないか」と思ったからです。

事実、海賊党はある程度成功しましたが、国民の政治テーマへの関心がＥＵの将来に変わってゆくと、ユーロ問題を契機として設立された新政党「ドイツのための選択肢（ＡｆＤ）」が若者と、それ以外の層からも注目を集めるようになりました。

海賊党の話題はほとんど報道されなくなりました。インターネット以外の政策も掲げるふつうの政党になる途中で、減速してしまったようです。

若者と床屋の共通点

日本の若者の政治参加への意思は、それほど強くないというのが私の印象です。

ドイツの若者にしてもそこまで政治への関心が高いわけではありませんが、それでも何かあればデモをしたり、力のある人や行政に手紙を書いたり、住民投票の申し立て手続きをしたりと行動を起こすものです。「△△に反対」「○○をやりたい」「□□がほしい」という気持ちを抱くところから、「行動」までのステップが短いのかもしれません。

日本の若い人にも、政治への関心があるのは間違いないと思いますが、行動するまでのステップが長いように思います。観察者であることが多いようです。ですから、原発反対デモの時には少し驚きました。

日本の若者は、床屋さんみたいです。床屋さんはよく、私の髪を切りながら、週刊誌で読んだ政治の話題を話していました。別に行動はしないで、しゃべっているだけ。

日本とドイツの若者の政治へのかかわり方には、そういう違いがあるなぁと思います。

政治家を支持する日本、政党を支持するドイツ

ドイツ人の投票行動は日本化する？

自民党の谷垣総裁（当時）とお会いした際は、統治システムの話題で盛り上がりました。谷垣さんは単に一般的な説明をしてくれるだけではなく、日本の制度の具体的な問題点を分析し、教えてくれたのです。

そのあたりの話題は、私たちドイツ人、ヨーロッパ人には特に興味深いところです。たとえばドイツ人の間には、日本人のように、政治家個人に対しての忠誠心というのはあまりありません。ましてや実力者の家族に対しての忠誠心というものも、めったにお目にかかりません。

ドイツの政党はふつう、思想的、イデオロギー的なルーツを持っていて、人々はそれぞれの政党の持つ思想に共鳴し投票してきました。

ところが最近はドイツでも主に二つの理由から、人々は党のイデオロギーに対して投票

するのではなく、「いつもこの政党に入れているから」という、政党に対する忠誠心によって投票するようになってきています。

理由の一つは、中流階級社会の中で、伝統的なイデオロギーに沿った問題意識が弱くなってきていることです。

もう一つは、「緑の党」や「海賊党」など、イデオロギー的なルーツというよりも、「環境意識」「IT革命」といった現代社会の特定テーマに特化した政党が出てきたことです。

今のようにイデオロギーへのこだわりが弱まる状況が続けば、ドイツもそのうち、日本と同じように政治家個人に対する忠誠心で投票するようになるのかもしれない。谷垣さんとの対話から、そんなことを考えさせられました。

隣国と和解するということ

独仏和解五〇周年

二〇一二年九月の週末、ドイツ国内の話題はほとんどが「独仏和解五〇周年」で占められていました。

五十年前、フランスの大統領であるド・ゴールがドイツを訪れました。ドイツのいろいろな街で市民たちに会い、スピーチをしました。なかでも一番有名なのは、ルートヴィヒスブルク市でのスピーチです。

彼は、ドイツ人の若者たちに向かって話しました。私たち学生に心からの信頼を寄せていることを真摯《しんし》に告げ、最後に、

「あなたたちと、私たちの国の若い世代が、一緒に平和な将来を作りなさい」

と呼びかけたのです。

宿敵同士も友人になれる

私は当時十四歳でしたが、今でもはっきりとこのスピーチを覚えています。

幼い頃から、年配の親戚たちには「ドイツとフランスは今では平和だし、両国の和解を望むけれど、本当のところフランス人がこちらをどう思っているかはわからない」と、何度も言われ続けてきました。「ドイツとフランスは宿敵だ」とも言われていましたし、そういったことを書いた書物もたくさんあったのです。

子どもだった私はフランスに行ったこともなく、現地のことはまったくわかりません。学校で平和の大切さや戦争の悲惨さ、恐ろしさも学んではいました。けれども、宿敵と言われたフランスと、本当に信頼し合えるかは疑問だったのです。

そんな多感な時期に経験したのが、かつてドイツが侵略した国の大統領による訪独でした。

あの時、ド・ゴール大統領のスピーチに胸を熱くした思いは、今でもたびたびよみがえります。きっとこの国の人とも友人になることができる、と思ったのです。

それから月日が流れ、十年がたった頃、私にはすでにフランス人の友達がいました。思い切って彼にかつての気持ちを話すと、彼もフランスで同じような気持ちでいたと打ち明けてくれたのでした。

振り返ると、ド・ゴール大統領のドイツ訪問は大きな分岐点でした。現在における独仏和解や友好の土台が築かれたのは、まさにあの時だったのです。

そして今、ドイツとフランスは、ともに「ＥＵのエンジン」となって、欧州統合を前進させています。改めて思うのは、本当に和解したければ、両方の人々が一緒に望み、ともに実現させていかなければならないということです。

五〇周年のその日、メルケル首相とオランド大統領は記念式典を開きました。開催地は、あのルートヴィヒスブルクでした。

日中・日韓のわだかまりを消すには

「大使、それならドイツとフランスの和解の経験から、日中や日韓の間でのわだかまりを消すには、どうしたらいいとお考えですか？」

と、日本人の方から聞かれることがあります。

しかし、それは歴史も政治も時代背景も違うので、比較できることではありません。ドイツとフランスの場合は戦後すぐのことで、両国民がともに和解を望んでいました。誰もが戦争に対する強い後悔を抱いていたのです。また、両国とも民主主義国家でした。そういったさまざまな条件が違うのですから、日本と隣国との場合にそのまま置き換えることはできないでしょう。そう答えると、

「それは大使というお立場だから、具体的なことを言いたくないのでしょう？」

と言われることもよくありました。しかし、もう大使ではなくなった今でも、やはり考えは変わりません。

ただ、「両方の人々が一緒に望み、ともに実現させていかなければならない」ということは、一つの真理だと感じています。

国民の尊敬がドイツ大統領の要件

ヴルフ大統領の突然の辞任

「ドイツの大統領が辞任ですって！　ショックです！」

大使館職員からそんな内容のメールをもらったのは、二〇一二年二月、金曜の午後七時半でした。私はホテルオークラのレセプション会場にいて、ちょうどコソボ大使のスピーチが始まったところでした。

これで、ドイツの大統領の辞任は短期間のうちに二度目となりました。日本の方々にはなかなか想像しづらいかもしれませんが、これはドイツの歴史上かつてなかったことなのです。

ドイツの大統領は、具体的な政策の立案・実行という意味で政治にかかわることはありません。大統領に期待されているのは、大統領という職務自体に備わる威信に基づいた役割なのです。

前任のケーラー大統領は、ドイツ連邦軍の国外派遣の目的の一つとして通商上の国益確保を挙げた発言で批判され、こうした批判を人格攻撃と受け止め辞任したとされています。大統領が政治的な発言をすること自体は問題ないのですが、通常は発言内容について、事前に政府と調整するものなのです。この時のケーラー大統領の発言は、政府との調整を経たものではなかったために批判を受けてしまいました。

ところが、今回のヴルフ大統領辞任の背景は、そうした齟齬《そご》が政府との間であったのではありません。

彼は、ニーダーザクセン州首相であった頃に不当利得や利益供与を得ていたのではないかと報じられました。その件で検察捜査が開始されることになり、国民の信頼が失われ、大統領としての職務をこれまでどおり続けてゆくことが不可能となったのです。

このような状況から導き出された結論が辞任だったと、ヴルフ大統領自身も述べています。

ヴルフ大統領の時代に駐日ドイツ大使であった私としては、日独関係推進にあれほど力を尽くしてくれた大統領は今までいなかったということを、しっかりと記憶にとどめておきたいと思います。

彼の働きは、日独交流一五〇周年を迎えた日独両国民を強く勇気づけるものでした。私たちは、今後もその恩恵を受け続けることでしょう。

大統領職の威信とは

ヴルフ大統領の辞任は、大統領職に就いた人自身の考えや信条よりも、大統領職に備わる特別な威信を守ることが優先されなければならないというドイツ人の思いが、いかに強いものであるかを示していると思います。

これは、首相や議長など、ほかの政治家に期待されるものとは少し違っています。政治家に多少の欠点があったとしても、それぞれのポストによりますが、国民はある程度までは我慢できます。これは日本と同じです。しかし、大統領という特別なポストについて、ドイツ人はあくまでも徳望の高さに異論を差し挟む余地のない人物であることを求めるのです。

後任となった現職のヨアヒム・ガウク大統領は、その特殊な経歴からドイツ国民に大変尊敬されています。

彼は、東ドイツの聖職者でした。ドイツ社会主義統一党の一党支配に対して、最初に反対の声を上げた一人です。反共産政府運動に力を入れ、東ドイツ崩壊に向けての平和デモの先頭に立っていました。東ドイツ崩壊・ドイツ統一寸前に東ドイツで行われた、初めての自由選挙で選出された人民議会の議員でもありました。

東ドイツ崩壊後は、東ドイツの秘密警察であった旧国家保安省の秘密文書を管理し調査する機関のトップを長年務めました。

こうした経歴が背景にあるので、ガウク大統領が自分の信念に従って発言しても、国民からの尊敬がゆらぐことはありません。大統領は着任以来すでに二度、ドイツ連邦軍の国外における活動を強化すべきだと発言しています。

これはおそらく政府との事前調整の上での発言だとは思いますが、ケーラー大統領の時のような騒ぎにはなっていません。

4章
魅力ある国を創る教育

国家を左右するのは判断力

「ものを教える」教育よりも大切なもの

聞く力、老人力、思考力、美人力、鈍感力、雑談力、教養力などなど。今、日本の書店には、○○力という本があふれています。

そんなことに思いが及んだのは、秋田大学から講演を頼まれたからです。テーマは「日本の若者に何を言いたいか」。

何を言いたいか……ううむ、何だろう？

ずいぶん考えて、「判断力」にしました。決して書店のラインナップに誘導されたのではありませんよ。これが今必要だと、話すべきだと、「判断」したからです。

日本やドイツなどの先進国は、なぜ先進国になれたのでしょう？

そして、どうしたら今後も厳しい国際競争に勝ち、先進国であり続けることができるのでしょうか？

国が平和であることは大前提ですが、理由を考えた時に思い当たったのはやはり、教育でした。

なかでも重要なのは、「ものを教える」教育ではなく、物事がどう進むかを理解し、自分で見極め、次にどうするかを決める。そうした自分で判断する力をつけさせる教育が、最も大切なのだと思うのです。

個人の運命も、国の民主主義的統治や価値観、そして国際社会での戦略も、すべては判断力の積み重ねです。

だから日本の若者に、「判断力」がいかに重要かということに気づいてほしい。判断力を身につけることが、個人を、ひいては国家を幸せにするのだと知ってほしいと思い、テーマに選びました。

若者をダメにするのは誰？

立場上、よくこうした講演を頼まれます。大勢の方々の前でたくさん講演をしてきました。

しかし、こう言うと驚かれるのですが、実は私は講演が得意ではありません。どちらかというと苦手です。

それでも、私なりに聴衆の反応は楽しんでいます。

え、こんなところで笑ってくれるの？　そうか、この話題は選んでよかったな。どうして反応してくれないんだろう。発音がおかしいのかな？　それとも話そのものが通じていないのかな？　などと、喜びと同時に悩みは尽きません。

一番嬉しいのは、みなさんが私の話を理解してくれて、最後に質問してくれる時です。講演のテーマはさまざまですが、質問がないという経験はあまりありません。

しかし、日本の歴史ある名門大学で講演した時のことです。優秀な学生が多いと聞いていましたし、話している間も学生の反応がよくて手応《てごた》えを感じていたので、講演後はどんな質問がくるのだろうかと、私は密《ひそ》かに楽しみにしていたのです。

ところが、講演後に司会の先生が「質疑応答は十分間です」とおっしゃったのです。十分なんてあっと言う間です。たった二人の学生で時間切れになってしまいました。

そして驚いたことに、次に先生方からの質問が始まったのです！

もちろん、先生方が質問してくださったのは嬉しいですよ。けれども、私の講演は学生のためのものだったはずです。

先生方はなぜ、学生の質問を途中で打ち切ってしまったのだろう？

学生の能力を見くびっている？

自分たちの教育に自信がないのだろうか？

私はいろいろなことを自分なりに考え、少ししょんぼりしながら、この日は帰路についたのでした。

若者の海外旅行離れは本当か

外国を知らなくても幸せ?

多少の衰えが指摘されていても、日本はまだまだ経済大国です。若者は何でも持っています。パソコン、スマホ、車、ブランド品などなど。

昔は簡単に知ることのできなかった海外の諸事情が、今ではパソコンやスマホで何でも調べられます。

今の若者はすごい時代に生まれたなぁと思っていたところ、先日国際線の飛行機で隣になった二十代の日本人芸術家が、私にこう教えてくれたのです。

「何でも調べられるから、海外まで実際に行くのは嫌だし、行く必要がないと思っている人が多いんですよ。私みたいな若者は例外なんです」

驚いて、そうなのだろうかと考えていたところ、日本人の友人との夕食会でも若者の海外離れが話題になりました。さらに別の会で、ドイツ人の日本学者ともその話をしました。

彼は、古市憲寿《のりとし》先生がそのテーマで『絶望の国の幸福な若者たち』(講談社)という本を出版していると教えてくれました。日本の若者の「内向き」はこんなにも話題になり、定説となりつつあったのですね。

私はすっかり考え込んでしまいました。本当に日本の若者には好奇心がないのだろうか？　外国を知らなくても幸せなのか？

陸続きのヨーロッパ、島国の日本

私は十五歳の時に、ヒッチハイクでイタリアまで行った経験があります。実は両親には内緒の旅でした。

島国の日本と違ってヨーロッパは陸続きです。電車や車や徒歩で少し移動すれば、もう外国です。飛行機や船に何時間も乗らなければならない日本とは、だいぶ事情が違います。外国というものが子どもの頃から身近に感じられ、日本人のように大決心して「渡航」しなくてもいいのです。

しかし、それでも十五歳の時に外国に行ったことで、私は「違い」を肌で知りました。「珍しさ」と言い換えてもいいのかもしれません。

まずは、スイスから北イタリアに入る時に初めて経験した、国境を越える手続きの煩雑さに驚かされました。

イタリアに着いてからは、ヒッチハイクで私を乗せてくれた人のご家族にお世話になりました。心地よい開放的な空気の中で、ラジオから流れるイタリアのヒット曲をバックミュージックに、ともに集い、笑い、おしゃべりして夜更けまで過ごしたのです。

小さい子どもも眠くなるまで自由に遊んでいたり、チーズやサラミもピリッとスパイスが効いてドイツとは一味違ったり……と、それはそれはドイツでの生活と異なる、新鮮な経験でした。

特に「珍しい」と感じたのは、そのご家族は、私に何も聞かずにワインをご馳走してくれたことです！（私はまだ十五歳だったのに……!?）

生まれ育ったドイツとはまったく違う国の雰囲気に触れることができて、私はおおいに刺激を受けました。

私の子どもたちも海外生活に慣れているので、簡単にあちこちへ飛んで行きます。しかし、もしかしたらあまりに簡単に行けるので、私が子どもの頃に感じた「違い」や「珍しさ」を感じてはいないのかもしれません。

豊かさを実感できない若者たち

この問題について考えていて、気づいたことがあります。

私は日本の若者たちは豊かだと思っていました。しかし、実際にはそうではないのかもしれません。

彼らが生まれた時、日本の経済はすでに下降線にありました。高度成長期はとっくに終わっていて、現代社会は不況にあえいでいます。だから、若者たちは豊かさを実感などしていません。むしろ将来に不安があり、案じているからこそ、外国で貴重な時間とお金を無駄に使うことを恐れているのかもしれません。

だとしたらとても残念なことです。海外経験は、必ず自分のためになりますし、のちのち働く上でも大いに役立つという事実を知らないに違いありません。それに、将来をくよくよと心配しないほうが、人生を大らかに楽しめるというものです。

日本の若者が内向きなのは彼らのせいではなく、そうさせた社会が悪い。海外に行ってみることの大切さを教えてこなかった大人が悪いのだと、私はそう思います。

けれども私は、旅行で訪れたブータンで素晴らしい体験をしました。旅をしている日本人の若者にたくさん出会ったのです。一人旅を楽しんでいる人もいましたし、初めての地で勇敢にも、旅先で出会ったブータン人の家庭にホームステイしている若者もいました。

確かに、内向きな若者もいるのは事実でしょう。しかし、「外向き」な若者だって大勢いるのです。

大人たちは、きちんと現状を見ないで判断している面があるように思えてなりません。

勇ましいサムライ青年

突然の訪問者

ある日、懐かしいお客さんがドイツ大使公邸に現れました。

日本人の古い友人の息子で、今は静岡市の老人ホームで看護師の仕事をしている彼とは十年ぶりの再会でした。

その十年前、私たち家族はベルリンに住んでいたのですが、仕事中に妻から電話がかかってきたのです。

「買い物から帰ったら、玄関にあなたの名前とうちの住所を書いた紙を持っている青年が座っていたんだけど」

あわてて帰宅してみると、そこにいたのが友人の息子でした。静岡の友人へ電話をかけると私以上に驚いていました。

「ええ？　息子がベルリンに？　インドにいるとばかり思っていたんだけど……」

聞けばその青年は、世界中を旅していたのです。大阪から船で上海に行き、次に汽車でチベットへ。さらにバスに揺られてネパールに入り、次のインドでは長期間滞在したそうです。だから、父親は彼がインドにいるとばかり思っていたのです。

そして青年が次に向かったのはベルリン。なんと、インドからバスで旅してきたと言います。小さい小さいリュックサック一つで。しかもほとんどお金を持たずに。

英語なしでも世界を放浪できる

一番驚いたのは、彼が英語なしで旅してきたということです。英語もドイツ語も話さないで、どうやってインドからベルリン行きのバスを見つけて乗り、ドイツに着き、地下鉄に乗り、うちへたどり着いたのか。本当に不思議でした。

彼は数日間うちに滞在し、話し、食べ、散歩し、風呂を使いました。そして旅支度を始めたので、

「日本に帰るの？」

と聞くと、

「いえ、次は北ヨーロッパを見たいんです」

と言うではありませんか。

その後はポーランド、エストニアなどを回って北フィンランドも回り、英国へも行ったと聞きました。旅はそこで終わらず、バスでパキスタン、中国へも足を延ばし、最後は船で静岡へ戻ったそうです。

なんという若者でしょう。まさに勇ましいサムライ。たいしたものです。

日本には内向きでない、こんなに素晴らしい青年もいるのですね。

日・独・中の教育改革

中国では幼稚園お受験が過熱

私は駐日ドイツ大使を務める前は、北京で駐中国ドイツ大使を務めていました。そのため東京から北京に出張した時には、ドイツ大使館で私の後任と会って、内政、外交のことを話したりしましたが、実は一番話したテーマは中国の現在の教育問題についてでした。日・独・中の三ヵ国では、教育改革が大きな話題になっているという共通点があるのです。

一人っ子政策の中国では、親は一人しかいない子どもにどうしても出世してほしいと願い、一番いい大学に入ってもらわなくてはならないと思っています。そのためには、優秀な幼稚園に入るところから始めなければいけません。だから中国家庭の一般的な収入の二十五％が、教育のために使われてしまうのです。

ずっと勉強だけをして育つ子どもは、想像力が育たない危険性が大きいです。

こういう問題点は少し前までの日本と似ているのですが、違うところは賄賂《わいろ》が横行していること、お金のない人が苦しむこと、大学の数が足りないところです。しかも、大変な思いをして大学に行った人の三分の一は就職ができないという問題まであります。

日本の教育の厳しさはちょうどいい

対するドイツと日本での教育改革は、中国ほど根本的に解決すべき問題が山積みというわけではありませんが、それでも親・子ども・政治家を巻き込んでの議論がなされています。

ドイツでも日本でもかつて、高校までの学校制度は規則の多い、厳密に体系だったものでした。それが一九七〇年代、両国はほぼ同時期に教育制度改革がなされるようになりました。

ドイツでは改革によって、特に高等学校の生徒が自らの学ぶ内容をより自由に選択できるようになりました。高校の教育を大学に匹敵しうるものに変えていこうという考えでした。

日本での改革の取り組みは、大学受験があるということが一つの壁になり、そうした状況が異なる中で、日本とドイツの教育制度改革の方向性は違ってゆきました。

妻とよく話したのは、中国の教育制度ほど厳しくする必要はないけれども、日本の教育制度のもとでうちの子どもたちが育っていたとしたら、それはそれで悪くなかったかもね、ということです。それぐらいの厳しさは子どものためにあってもいいかもしれないと考えたのです。

一方、ドイツで暮らしていた日本人の友人には同じ年頃の子どもがいるのですが、日本に戻って厳しい教育を受けさせるよりも、ドイツでいろいろな選択ができる教育制度のもとで子どもを育てたい、日本に戻りたくないと言っていました。

教育政策にはいろいろ難しい面がありますが、子どもはそもそも強いもの。どんな制度でも育っていくものだと、子育てを終えた私はそんなふうに思います。

心を育てる武道

筑波大学と武道の深い関係

筑波《つくば》大学を訪れた時には、合気道にまつわる素敵な体験を二つしました。

この大学が他と違っていると思うのは、武道との関係が深いことです。

たとえば柔道の世界ではその名が知れ渡っている講道館の創設者・嘉納治五郎《かのうじごろう》先生は、筑波大学の前身である東京高等師範学校の校長を務めておられました。

その関係でしょうか、ここには日本で一番優れた「大東流合気道」の先生がいらっしゃるのです。

K先生は、大学で教鞭《きょうべん》をとっていらっしゃいますが、同時に大東流の師範でもあります。

私はK先生の研究室で新しい「技」を見せてもらいました。

決して「教えてもらった」のではありません。なぜなら、こんなに難しい技をすぐに習えるはずがないからです。

新しい技を見せていただいて、少しだけ試してみて、それだけでも大変に印象深い時間となりました。日本の武道は素晴らしいですね。

そして二つ目の素晴らしい体験は、筑波大学での講演後の学生たちとのディスカッションが、実に楽しかったことです。

最も興味深い質問の一つは、「大震災の時に泥棒も出てこないでお互いに気配りに満ちていた日本人の態度は、武士道の伝統ではないか」というものでした。

私の考えでは、「武士道の伝統であるかもしれないが、それと同時に、みんな一緒になる、お互いに手を借りるということは、昔の農村の人々の行動ではないか」というものですが、はたしてどうでしょうか。

生涯の趣味となった合気道

日本に留学した四十年前から、合気道は私の趣味になりました。

大使として日本に戻ってからのことですが、その年一番の猛暑日と言われたある日の昼間、大学で合気道の稽古を一時間半、一緒にやらせてもらったことがあります。

みんなもちろん私より数十歳若く、はるかにしっかりと鍛えられていて、コンディショ

道場で若者たちと稽古。合気道歴40年の技を受けてみよ！

ンもよさそうです。稽古は毎日、昼間の同じ時間にやっているのだそうです。

当然クーラーはありません。いくつか窓が開いているだけです。

稽古は始まってすぐにハイペースになりました。そしてなんと私自身もすぐに、若者たちのペースに身体《からだ》がなじんでいくのを感じたのです。

もちろん、まったく互角とはいきませんが、四十年間合気道を続けてきた成果が、多少なりとも体力と集中力に現れたのです。

これは嬉しかったです。何よりも、仲間とともに無心に身体を動かす感覚の大切さを再発見しました。

汗が流れるごとに、身体がスムーズに動きます。呼吸が、仲間全員の動きに合っていきます。「生きる」とは「力を使い果たす」ことです。

厳しい暑さの日本の夏、仲間とともに力を出し尽くす。本当に気持ちのよい時間でした。

Botschafters Erholung

大使の休日

極秘ホームステイ日記

大使であることを内緒にして、島根県松江市のお宅にホームステイさせていただいて語学の特訓をすることにしました。その時の日記をご覧ください。少し語句を整えましたが、私の書いた日本語の文章をそのまま載せています。

11月6日

昼間、東京から地方へ二週間の日本語の特訓をしに。

まず、着陸がたいへん。大雨、そして強風。

だが、ホストファーザーが空港へ迎えに来て、すぐ彼の会社へ乗せていってくれます。

最初の二時間、私の家族のこと、政治・経済の状態、竹島の領土問題、出雲弁などに触れたりする。ホストマザーは微笑みながら聞いてましたが、丁度9時40分に「じゃ、お風呂にしましょう」と終了の合図。ここは朝が早いみたい。

妻が電話で「勉強になるでしょう」。

11月7日

ホストマザーの趣味は庭です。でも、仕事で忙しいから、毎朝早く起きて花などの面倒を見ています。ホストファーザーは地方の歴史に興味が深く、知識が高い。

一緒にドライブをしてくれました。

まず、日本の一番古いと言われる神社の一つを見る。やはり秋の雨の日に神社を見るのは最高と思う。それから結婚願望を持つ女性に対し優しいという神様の所へ。確かに若い女性が長い列をつくって並んでいる！　もし未婚の男性だったら、ここで立ってみれば……イヤッ！　そういう考えはだめ！

とにかく、この地方には、きれいでまとまった、大きい神社が多い。

最後に「あの世」への入口である場所へ行きま

縁結びの神様は大忙し。

す。ここは昔から「黄泉《よみ》の国」に入ることができるそうだとか……。ホストファーザーは子供時代にここに来るのが怖かったと言ってます。

今の子供たちはどうでしょうか。

11月8日

十八歳の時、日本語を勉強しようと決めた私はなんて無謀だったんだろうと、時々思う。

例えば四時間日本語を勉強したあと、「まだあまり進歩してない」「するはずない」「やはり出来っこない」とわかってくる時。

I先生が私と録画したテレビの政治討論番組を一緒に見てくれました。一時間の番組を見るのに二時間かかる。

今日は四時間、明日もまた、そして宿題もあるし……。

もう挫折しそう……。

11月10日

今日、O先生は私のブログを初めから全部パソコンにコピーして、分析の上、どうしたら上手になるかを教えてくれました。

本来、このブログを授業に使うはずではなかった。ドイツ大使がここにいることも誰も知らないはずだった。ただの「フォルカーさん」の代わりに、大使館の通訳担当がこの大学に短期語学留学の申込みの連絡をしただけの話だったはずだ。だけど、この三人の先生たちは疑いなく好奇心旺盛な人々らしい。

最初の日、顔合わせの時だった。私たち四人は一時間半も話し合ったりした。色々なことに触れたが、だんだんこれからの授業のやり方を話し始めたら、I先生がいろんな記事のコピーをバッグから出してきました。

「朝日の社説を読んだらどうか？　中央公論もあるし、フォルカー閣下の記事もある……」

えっ？　ど、どこから手に入れたの？？

「うん。ホームページにも沢山記事がありますね」

はい。そうです。でも、どうして私のことを???

N先生がフォルカーという人が大使館のホームページにのってるかもしれないと思って……そして確かにのっていたと。「すぐに見つかったね」と、O先生は言いました。

みんなが笑って、それで今度このブログを見直そうというアイデアが現れてきた。

だけど、どうなるだろう……。

11月12日

授業後、ホストファーザーが迎えに来て、一緒に広い、松やもみじの木できれいになっている花園で「神能」を見に行き、そのあと一緒に食事をしました。

ホストマザーも、「山桜会」のホストファミリーの友人たちも一緒だった。ホストファーザーが私を紹介している。

「フォルカーという人が大使館からホームステイしに来ることしか知らなかった。誰だかを聞きたかった。大使館へ電話したが、電話交換の人が、『フォルカーという人は大使だけです』と言った。フォルカーさんがここへ来た時、俺はもう全部知っていたよ！」と。
そうか、なるほど……。

11月15日
きのう脂っぽいうなぎで胃の調子が少し悪かった。普通、私はそういう時に、一時的に何も食べないで、胃が治る。しかし、ホストファーザーに「和薬」を食べさせていただいた。
お茶漬け。
うまかったし、助かった。

11月18日
N先生はドイツ語が話せる。でも、今まで私の前でドイツ語を話したことがない。もちろん、これは日本語の授業だから。
N先生は書く事を教えてくれる。外交官とはそれほどたくさんの事を書かない。

私たちの道具は舌です。だけど、たとえば講演を準備する時とかは書く機会もある。とにかく今、毎日小さいレポートを書かせられている。

二つのことが特に難しい。一つは同じ意味で辞書に載っている言葉がどこで違うのかということ。たとえば「実績」か「業績」のどちらが私の言いたい考えを適切に伝えているのか。文体にもこういうケースがある。「……するのに」か「……するにもかかわらず」——どっちにしようか。

N先生が一番得意なのは、助詞です。「に」「を」「が」「は」をどこに入れるのかを、誰よりもわかる。「動詞と一緒に覚えるのだよ」と。

そして私の原文を直す時、声が大きくなっているのは面白い。「NI」「WO」「GA」「WA」になってしまう。忘れられない……かも。もちろん、ドイツ語も助詞のような言葉があるから、N先生はこの問題がよくわかっている。

ところで、N先生は時々ドイツ、オーストリアの滞在について話している。今日はドイツからの「宝」を持ってきてくれた。私ももう長い間見たことがないもの——ベルリン壁の崩壊の時、地元の人から買ったベルリンの壁のかけらです。落書きの色はまだ付いているし。

昔の安いプラスチック袋の上に安そうなスタンプ印で「売り手の名前、住所、電話番号」、そして壁崩壊の日にち「1989年11月9日」。見るだけでもう二十年前に抱いた思いがよぎって来る。

11月19日

最後の授業の日、先生たちに昼食のお招きをいただきます。お招きに、三顧の礼の話とは反対に、私は二つ返事で即快諾。

食事は美味しい、ここは海が近いから。古い旅館で雰囲気もいい。話もくだけた内容。

それなのに、誰が急に授業の話を始めたのか？　とにかく、いつの間にか厳しいI先生が私がもう慣れてきた話し方で、

「よく勉強したわね。これでどこでも通じるでしょうね。勿論《もちろん》間違いがまだ多いけどね」

普通とちがって、今日は「これは明日まで暗記ね」とは言えない。

やさしいN先生は一度も「よくなった」とか言わない。私は「助詞はまだ問題で

す」と言うと、N先生は「そうですね」と答えるぐらい。

O先生はこれからでも私のブログを読んでみたい、と。（そうですか？　本当？　嬉しいかな。どうしよう？　このブログ、そろそろ止めたいなって考えてたんだ……）

そのあと、またいつの間にか楽しい話題に戻っている。でも、考えれば、三人の先生たちのお陰でこの二週間が深い勉強ができる期間になったのだ。私には宿題があったが、彼女らは毎日の授業を準備しなくてはならなかった。大変……。想像力をもつ彼女らのお陰で、私は毎日嬉しくて授業に出たのだ。ホストファミリーがびっくりするほど。感謝の言葉しかない。

いや、ある。

彼らをみんな、東京の公邸に昼食に招待しました。今度は三顧の礼の通りに。

11月20日

ホストマザーは、ビジネスウーマンで庭で花の面倒を毎朝親切に見る人である。

ホストファーザーは、ビジネスマンで地元の神社の歴史に詳しく、自然が大好きで、山を歩くことでリラックスすることができる人。

ホームステイする外国人には完璧。

今日、最後の日は観光をする日になってる。月照寺、神魂《かもす》神社。紅葉の下の高い階段を登りながら、「多分、TPP討論、助詞練習、専門用語暗記で時間を使いすぎたんじゃないか」と私は考えている。

出雲大社の「縁」でこのホストファミリーと友人になったが、時間は足りない。

でも、この二週間は私の宝になったのだ。

だんだんだんだん（ありがとう、ありがとう）！

島根についた時は雨、出発の日も。でもその間はずっと秋晴れ！

5章 忘れがたき東日本大震災

ブログ開設のきっかけは東日本大震災

私にも何かできないだろうか

私のブログ「大使日記」は、二〇一一年三月二十三日から始まっています。

「日本人は、辛い思いを何度もしなくてはならないのね……」

台湾出身の妻は東日本大震災の直後、こんなふうに言っていました。日本の人々は国の歴史が始まった頃から、大変な自然災害を幾度となく経験してきたことを思っての言葉だったようです。

三月十一日から始まった日本人の深い悲しみ、そして「がんばろう日本」の精神を見ていると、ドイツ人である私にもいろいろな思いが浮かんできました。

何かできないだろうか。

その思いが「大使日記」を始めるきっかけになりました。

ブログの構想は前から持っていましたが、震災によって浮かんできたさまざまな思いを日本のみなさんと共有したいと、この時強く思ったのです。

議論を呼んだ大使館機能の大阪移行

突如日本を襲った大地震と、福島第一原子力発電所の事故により、ドイツの外務省は重大な決断を下しました。東京の大使館の機能を、大阪のドイツ総領事館に移したのです。

外交官に課せられた第一の責務は、危険な地にいる国民を助けることです。そしてその次にすべきこととして、ドイツ政府は外交官も、安全なところへ移動させなくてはなりません。そのため、ドイツ大使館は三月十八日、大阪へと機能を移したのでした。

大使館の日本人スタッフは、私にこう言いました。

「人数を減らしてでも東京に残ると、ドイツ外務省にそう言うべきではありませんか。一日も早く、どの国よりも早く、再び東京・南麻布の地にドイツ国旗が揚がることを祈っています」

確かにそのとおりだと思います。私にとっても、大勢のドイツ人が暮らす東京を離れ、被災地から離れた大阪に移ることに葛藤がなかったわけではありません。

しかし、私は大使です。大使館で働く仲間たちの安全の確保も、私の責務なのです。

大阪への移動前に撮影。一日も早くこの地に戻れることを願って。

ドイツ外務省の決断は正しかったと思いますが、あとで述べるように議論を巻き起こすことになりました。

外国人の不安を思いやる優しい人々

大阪に移ってからも朝早くから夜遅くまで、原発関連の情報を分析し、ドイツ本国へのレポートを書く緊張した毎日が続きましたが、そんな中、大分県の竹田《たけた》市に行くことがありました。

留学生として日本に来ていた四十年前、地方に暮らす人々が旅行者にも必ず挨拶をして、温かく接してくれたことを今でも覚えています。

あれから長い時間が流れたのに、竹田

は今でもそんな場所でした。照れくさい年頃の若者であっても、「こんにちは」と声をかけてくれるのです。

そして私が東京から来たとわかると、誰とでも必ず地震の話になりました。

「地震の時はどうでしたか？」

「外国人には怖かっただろう？」

そして、

「原発の事故は心配ですよね？」

と聞かれます。みんなが外国人である私の不安を思いやってくれるのです。

けれど、この土地のみなさんが一番心配し、心を痛めているのはもちろん被災者の方たちのことです。地域の方々で協力して義援金を集め、被災地に送ったと聞きました。

「東北の人は強いから心配していない。きっと大丈夫だ」

と、旅館のおじいさんが言ったその言葉は、震災以降ずっと張りつめていた私の心をほっとさせてくれました。

「東北人はがんばってるっけ」

私はこの言葉が忘れられません。

ドイツ人が胸打たれた日本人の強さ

外務大臣の突然の訪日

おそらく日本人が思っている以上に、東日本大震災と福島第一原発事故のニュースが世界に、そしてドイツに与えた衝撃は大きなものでした。

二〇一一年四月初め、中国を訪問中だったヴェスターヴェレ外務大臣は、予定を急遽《きゅうきょ》変更して日本を訪問しました。哀悼と応援の思いを表明したいということでした。

当時、大臣はドイツ内政に問題をかかえていて、大臣に反対する党内の声が噴出している状況でした。早く帰国して対応せよという声も当然あったと思いますが、それでも大臣は日本を訪問したのです。

友人である日本のみなさんが危機に瀕している時こそ、ドイツの外務大臣として直接励ましたいという大臣の姿勢は、私は素晴らしかったと思います。

訪問を終えて帰国の飛行機に乗り込む前に、大臣は言っていました。

「こんなにもがんばっている日本の人々の強さに感じ入りました。私たちドイツ人にも勉強になります。大使から日本のみなさんに、そう伝えてください」

それから間もなく、ドイツ外務省の決定により、ドイツ大使館は東京へと戻ることができました。職員一同、万感の思いで南麻布の空に国旗を掲げたのでした。

ドイツ人記者の見た被災地

四月中旬、ふと、ドイツ人の新聞記者は、今何人東京にいるのかな、と思いました。多くの外国人記者が母国へ帰ったと聞いているので、おそらく二、三人でしょうか。

在京の記者たちと話をしたいと思い立ち、私は公邸に招待することにしました。ところが十人もの記者が来たので驚きました。なぜならその数は、震災の前とほぼ同じだったからです。

何人もの記者が、すでに東北へ取材に行っていました。そして大震災の恐ろしさを自分の目で見たというのです。見るのも辛い現実でしたが、しかし、もっと印象深いことがあったと語ってくれました。

それは、被災したばかりのみなさんが、互いに協力する光景だったそうです。

「がんばろう日本」というフレーズをよく聞きます。ドイツ人だけでなく外国人にとっては、未曾有《みぞう》の大災害に遭っても自暴自棄にならず、「がんばろう」と言う日本の人々の姿勢がとても不思議に思えます。半信半疑と言ってもいいかもしれません。

ところが記者たちは、日本の人々のそういう精神を現実のものとして目の当たりにしたと、口々に言っていました。

こういう日本の真の姿をもっとドイツへ伝えてほしいと、私は彼らにお願いしました。それがメディアの役割であると、私は深く思います。

被災者の勇気に感動した元環境大臣

震災後に私が最も困ったことは、原発事故を専門的に理解し、分析できる大使館スタッフがいなかったことです。そこで六月、ドイツから「応援」を得ました。トリティーン元環境大臣です。

元大臣が大使館の「応援」、などというのは冗談ですが、来日した元大臣が原発事故の問題を本当に細かいところまで理解しているのに驚きました。彼の専門的な質問に、事故以来ずっと日本にいた私たちですら答えることができません。逆に、元大臣から移動の車中などでいろいろと説明してもらい、学ぶことがたくさんありました。

元大臣はいろいろな立場の人に会って、原発事故のことをヒアリングし、多方面から調査しました。来日してすぐ、被災地にも実際に足を運びました。向かう間の車中でも、話題は原発や脱原発のことばかりです。

被災地を訪れて受けた印象は、ドイツのメディア報道から想像していたものとは違っていたようですが、現地で被災者の方々や地元の自治体関係者の話を聞いた元大臣は、震災が地域住民にもたらした悲劇の大きさに改めて衝撃を受けた様子でした。

調査を終えてドイツへの帰国の日、彼は空港でこう言いました。

「ドイツへ持って帰るものが二つある。一つは『放射能は心配いらない、どんどん日本へ行きなさい』ということ。そしてもう一つは『被災地、そして被災者の勇気』だ」

ありがとう、トリティーン。あなたは私が言いたかったことをすべて言ってくれました。

ドイツ大使は板挟み

大使館を最も非難したのは妻

東日本大震災直後、ドイツ大使館が一ヵ月間大阪に移転したことには批判の声がありました。

私の周りで最も非難していたのは、妻でした。「日本人は残念に思っているし、日本にいるドイツ人だって非難している」と、妻は言います。

確かに、批判も仕方がないかもしれません。多くの外国人が母国に帰る一方で、何百人ものドイツ人が東京や横浜に留《とど》まったのです。日本で商売をしている人や、日本人の家族がいる人が多くいました。彼らが「ほら、結局なにも問題なかったじゃないか」と言うのは当然でしょう。

「あなたたち大使館のスタッフを腰抜けと思うでしょうね」

そうかもしれません。けれど、一般の人が危険の恐れのある場所に自分の意思で留まる

震災後のタウンホール・ミーティングに260人が集まった。

のは自由ですが、ドイツ政府には外交官の健康を守る責任があるのです。

「それなら確かに仕方ないわね」

もちろん私だってきついですけれどね。

「でもね、あなたたちは一番遅れて東京へ戻った大使館の一つでしょう？」

うん……。妻と喧嘩《けんか》しても意味がありません。妻が言うことはすべて「正論」なのですから。

怒号飛ぶタウンホール・ミーティング

「あんたたち大使館なんてもう全然信頼しないぞ。態度を改めろ！」

怒号が飛び、十人以上が大きく拍手します。それでも、十数名で済んでほっとしました。

震災以降、私はドイツ人に非難され続けてきました。

ある人は「ゴールデンウイークまでには大使館を本格的に再開してほしい」と言い、またある人は「原発の危険性について、大使館がしっかり正確性を担保できるような見立てを示してくれないと困る」と迫ります。

震災直後から自分のことを後回しにして危機管理に奔走した大使館スタッフへの感謝の声が聞こえることはなく、批判の声ばかりが膨れ上がっていきました。

どうしたものかと悩んでいた私を救ってくれたのは、知人のこんなアドバイスでした。

「誰でも、どんなことでも、言うことのできる機会を作ってはどうかな?」

こうして二〇一一年五月中旬、タウンホール・ミーティングを開催することに決めました。大使館のホームページで告知すると、あっという間に百八十名の方が参加を表明し、最終的には二百六十名が参加を希望したのです。

会場である大使館のホールは狭くて暑いところです。これでは気持ちもホットになって、トマトや卵を投げられるかもしれないと、私は覚悟してその日を迎えました。

しかし、怒号が飛ぶ場面もありましたが、時間をかけて説明すると、大使館とドイツ政府の方針を理解してくれる人がぽつりぽつりと現れ始めました。みんなよく聞いてくれて、質問が出て、議論が始まりました。

ドイツ人が議論好きでよかったと、私は心底思いました。相手の話を聞く人ならば、説得できる可能性が生まれるのですから。

最後のテーマ「被災地にどんな支援ができるか」をみんなで話し合ったあと、ビールとワインでほっとひと息ついたのでした。

「あなたは無責任な大使だ」

ところが、七月にドイツに行くと、私はまったく別の方向から非難されました。

ある会合で、まじめそうな中年の男性が私に突然話しかけてきたのです。

「大使、全世界が知っていることですが、福島原発事故の危険は日本全土にわたっているのです。放射能はどこへ行っても危ない。なのに、どうして大使館のホームページには日本へ行くことは危なくないと書いてあるのですか？　どうしてあなたは日本は安全だと言うのですか？　あえて言いますが、あなたは無責任な大使だと私は思っています」

私は一瞬、言葉を失《な》くしました。そして考えました。

確かに今回ドイツに戻ってみると、誰もかれもが原発事故のこと、それから日本で暮らすことの危険性について私の話を聞きたがりました。日本では事故直後のパニックも落ち着き、日本全土が放射能に汚染されると心配する人は少なくなっていましたが、ドイツではまだまだ心配している人が大勢いたのです。

厳しい言葉をもらってしまいましたが、これからますますドイツ人に日本の正しい現状を理解してもらえるように努めようと、そう思った出来事でした。

被災地でのドイツ音楽コンサート

現地から受けた強烈な衝撃

二〇一一年五月下旬、初めて被災地を訪れることができました。

仙台市の港のあたりに着いた時には、言葉が出ませんでした。テレビで見るのとは印象がぜんぜん違います。これからの復興がどれほどの大仕事になるか、容易に想像がつきました。

被災地を訪問したのは、避難所で行われるドイツ音楽のコンサートに出席するためです。

これまで、避難所に何が足りていないのか、どんなサポートができるだろうかといろいろと調べましたが、これというものが見つかりませんでした。

たとえば、ある会社はドイツから子ども用の自転車を持ってきて、避難所の子どもたちにプレゼントしようとしたそうです。

ところが日本の担当者に問い合わせてみたら、「たとえ販売するものでなくても、外国から輸入される自転車は、日本の規格に適合していなければならないのです」との返答だったそうです。支援したい気持ちがあっても、実行するにはさまざまな手続きや障害をクリアする必要があります。

そういうわけでずっと悩んでいましたが、仙台の日独協会の人たちが避難所の責任者と直接話してくれたおかげで、素晴らしいアイディアが生まれました。

それは、ドイツ音楽のコンサートを開くことです。

音楽とソーセージでともに笑い、涙した

幸い、福島の近くにある大学に、ドイツ人音楽家のヘルツレ教授がいたので、彼に協力をお願いしました。ヘルツレさんはアコーディオンの天才なのです。

また、ドイツのスチール社からソーセージを提供してもらう約束をとりつけ、十二ヵ所の避難所を八日間かけて回る予定ができました。

コンサートの初日、私も妻とともに出席しました。

仙台市近くの小さな町の体育館には、震災直後は千人以上が避難し、この時にもまだ約四百名の方が避難生活を送っていました。

避難所でアコーディオンを演奏して回るヘルツレさん。

その場所を見て回り、私は深く尊敬するほかはないと思いました。ここで被災直後の最も過酷な時期を過ごしたみなさんは、それでも毎日がんばって、きちんと生活を営んでいたのです。小さな子どもも、身体の悪い高齢者も、そうやって困難に耐えているということに深い尊敬の念を禁じえませんでした。

コンサートはなごやかに始まりました。ソーセージの車は私たちより先に到着していて、みなさんは美味しそうに食べ始めています。

最初はビアガーデンの踊りです。それからもっとテンポの速い、愉快な音楽。子どもたちが踊り、大人たちは手拍子を打っています。

ヘルツレさんが一転してローレライの歌と、他にもロマンティックな歌を聴かせてくれると、みんなは静かに耳を澄まします。「ふるさと」のメロディが聴こえてくると、あちこちで小さな涙が流れていました。

一時間がたち、最後にはお年寄りも子どもたちも私も、みんなが笑いながら腕を組み、前後左右に踊っていました。私はみなさんの笑顔を見て、「ああ、よかった」とほっとしました。ヘルツレ教授のコンサートは大成功、笑顔がたくさんあふれました。

寺島しのぶさんのプロ根性に脱帽

女優の寺島しのぶさんが有名なのは日本だけではありません。二〇一〇年のベルリン国際映画祭で、若松孝二監督の『キャタピラー』で銀熊賞（最優秀女優賞）を受賞してから、ドイツ人もよく知るようになりました。

その寺島さんが二〇一一年九月、ヘルツレさんと一緒に、東北支援のコンサートを開きました。被災地の子どもたちを喜ばせたいという気持ちからです。

寺島さんとヘルツレさんのコンサートは大盛況。毎回何百人ものお客さんが、気仙沼、大船渡の小学校の体育館や、ベリーノホテル一関のコンサートホールに来てくれました。寺島さんはドイツ文学のグリム童話「ブレーメンの音楽隊」を朗読し（大人のために日本の歌も）、ヘルツレさんは楽しい曲を弾いて、大人を踊らせています（お役人や市長までも！）。

訪問先の小学校では、生徒たちと一緒にお弁当を食べたり、みなさんからの質問に答えたり、握手をしたり、写真を撮ったり、サインをしたりと二人は大忙しでした。

私が今回のことで特に印象に残っているのが、寺島さんのパフォーマンスに対する準備でした。とても細かいところまで考えて、相談し、繰り返しリハーサルする姿勢にはひたすら頭が下がりました。真のプロはお客さんを楽しませるために、決して手を抜かないのですね。

このプロジェクトは素晴らしかったです。二人の熱心さに脱帽しました！

震災と原発事故がドイツに与えた影響

両国のエネルギー政策は密接な関係がある

東日本大震災の前後では、日本とドイツの政治家の話題が大きく変わりました。以前に議論していたのは、両国の関係やグローバルな問題などでした。それは他の先進工業国同士の関係の場合と同じです。戦後から両国間でとりあげられるテーマはずっとそうだったのです。

しかし、大震災のあとは話題の中心が原発問題になりました。フクシマ原発事故は、ドイツの脱原発政策に大きな影響を与えたのです。

意外かもしれませんが、両国のエネルギー対策は、お互いの国にとってとても重要であり、かなり前から研究やウォッチングの対象でした。お互いのエネルギー政策に対する関心はすでに存在していたわけです。

しかし今度は、ドイツのバーデン・ヴュルテンベルク州の州選挙で六十年ぶりに政権交代につながるほどの変化がもたらされたのです。今まで同州で政権を担ってきた二つの政党は原子力使用を支持してきましたが、福島原子力発電所の事故のあと、市民の間で反対の声が急激に強くなったからです。

原発事故が全世界に与える影響は、日本が考えている以上に大きいものでした。

ドイツの流れは脱原発と再生可能エネルギー利用

さて、当時こうした変化を受けてドイツで急遽くだされた、脱原発と再生可能エネルギー利用の両者を推進する決定の結果、二〇一三年現在、再生エネルギーの電力消費全体に対する割合は二十三・五％まで拡大（風力八％、バイオマス七％、太陽四・五％、水力三・五％、その他）、二〇一四年には二十五％に達するのではないかとすら言われています。

さらに、ドイツの電力純輸出量は、二〇一三年現在で三三〇億キロワット／時に拡大しています（二〇一二年は二三〇億キロワット／時）。

しかしながら、電力料金は現在欧州で二番目に高い水準となっています。

こうしたことから、ドイツ政府は次の四つの課題に直面していると言えるでしょう。

第一に、一般家庭や企業の負担軽減を目指す、再生エネルギー法改正。

第二に、ドイツレベルと欧州レベルのエネルギー政策の調整。

第三に、北ドイツの風力で発電した電力を、工業が盛んなドイツ南部や西部の電力消費地に届ける送電網の整備。

そして第四に、エネルギー貯蔵技術の研究開発の推進です。

しかし、この間、世論全体に大きな変化はありませんでした。

つまり、原発事故後のドイツの世論は、エネルギーシフトのためであれば、ある程度のコストはいとわないという考えを示したのです。

ただし、送電の大動脈となる、新たな高圧送電網のルート選定についてはいまだ対立が続いているのがドイツの現状です。

6章
もう一度日本で味わいたいこと

二〇一三年十月三十一日が、私の外交官退官の日です。その日が近づくにつれ、周りから「日本でよかったことは何ですか？」と聞かれることが増えてきました。日本でよかったこと？　ひと言ではとても答えられません！

私が大使として過ごした四年間、そして四十年前に留学生として過ごした三年間と、三十年前に大使館職員として過ごした三年間で知った、日本の好きなところ、もう一度味わいたいことをご紹介します。

露天風呂

たとえ真夏でも入りたい

左右に山が迫る谷底を、細い川が流れています。

落ち葉におおわれた山の斜面に、岸に沿って茅葺《かやぶき》屋根の建物があります。温泉宿です。

この谷で、人の手で作られているのはこの宿だけです。

草津温泉の名物「湯もみ」を見学。

お湯につかる私たち夫婦の周りには、年配の日本人の方々が二、三人います。旅館の煙突から、夕焼けの空に向かって煙が細く長く立ち上り、背後の山の木々の間を風が通り過ぎていきます。

宿の明かりが一つ、二つ、ともり始めます。なんて静かな時。

もう一つ、思い出す露天風呂があります。それは、明治時代に建てられた大きな木造建築の温泉です。巨大な浴槽の内湯からは外の白い雪が見えます。

浴槽のはじのほうで、一人のお客さんの大きなお腹《なか》がお湯から出ています。頭を浴槽の木のヘリにのせ、眠っています。それとも考えにふけっているのでしょう

箱蒸し温泉を満喫中の私。

か。いや、やはり夢を見ているのでしょうか。

私はお湯につかって、夢を見ています。古い木造の建物と、降ったばかりの新雪のコントラスト。風がひと吹きすると、木の枝に積もった雪が舞います。外の冷気が窓から入ってきます。

静かです。この上なく静かです。何も望まず、時を忘れ、ただそこにあるのみ……。

日本には温泉がたくさんあります。風情があるところ、悪趣味なところ、人でいっぱいなところ、人のいないところ、さまざまです。

私は自然の中にある露天風呂が一番好

きです。春、秋、冬だけでなく、妻はいやがりますが、猛暑の時期でも大好きです。
温泉は、また何度でも入りたいです。

富士登山

憧れの山にいよいよ挑戦

二〇一二年、ついに富士登山に挑みました。いつかは登りたいと思っていた憧れの山です。

ところが、実際に登ってみると、思ってもみなかったことがたくさんありました。まず、あんなにきついとは！　ふつうの山であれば、たまに下っている部分や平らな場所もあるのでひと息つくことができますが、富士山は上へ上へと登り続けるだけ、しかも傾斜はきつくなるばかりなのです。

そして、あんなに人が多いとは！　毎晩、何千もの登山客が頂上を目指します。最近はみんな、安全のためにヘッドライトをつけるので、無数の光が列をなして上へ上へと登ってゆきます。

高度が高くなると、道は次第に狭くなり、そのため人々は進んでは止まるを繰り返します。まあ、そのおかげでひと息つけるのですけれど。

光る誘導棒を持って、遅い人、速い人を左右に分けて交通整理をする係員がいます。山小屋は人でごった返し、道端には歩けなくなった人々が地面に座り込んだり、休んだり、眠ったりと、満席状態。なかには気分が悪くなって寝込んでしまっている人もいます。

天候もあんなに厄介《やっかい》だとは！　雲一つない満天の星が広がっているかと思うと、一分後には霧に包まれて何も見えなくなります。あたり一面雲に隠れているかと思うと、次の瞬間には広く海まで見渡せたりもします。

ご来光の神々しさに感動

下山するのもあんなに大変だとは思いませんでした。ゴロゴロとした石だらけの道が続き、きれいだと思える場所もなく、唯一の救いは、こぬか雨が舞い上がる土ぼこりを抑えてくれたことだけでした。膝《ひざ》は笑うし、おしゃべりもできないくらいに全身が痛くて、身体のあちこちが悲鳴を上げていました。

それでも、何千人もの人々と一緒に山頂にたどり着き、ともに日の出を待つ体験は素晴らしいものでした。そしてご褒美としての日の出の神々しさといったら！

富士山に登ってご来光を拝み、私は自分たちを超えた何かを「見た」ように思いました。次回はすべてがもっとうまくいくでしょう。登山前の期待はさらに大きくなるかもしれません。

富士山はぜひもう一度トライしたい山です。

四季折々、山を歩く楽しさ

登山だけでなく、日本で山歩きをするのも素晴らしい体験でした。

三十年前に大使館職員として赴任していた頃には、中禅寺湖《ちゅうぜんじ》からの登山や、琵琶湖《びわ》から日本海へのハイキングなど、まだ小さかった子どもたちを連れて山歩きを楽しんだものです。

大使として赴任してからも、人からさまざまな登山ルートの話を教えてもらったり、出張の途中でよさそうなハイキングコースを目にしたりしました。山歩きを楽しめる時間がほしいものだ、とよく思いました。

せめて、数キロでもいいから歩く時間がほしい。そして歩いている間だけは、自分のやることは自分で決めたい、と強く思っていました。

富士山山頂で息子と、息子のガールフレンドと。

もちろん大使の仕事にはさまざまな魅力がありますが、やってみてわかったことがあります。それは、山歩きの時間や機会がほとんどない、それどころか自由になる時間がそもそもあまりない、ということです。

日本には四季折々の見事な自然がありますから、それを楽しむために、もっと山歩きをしたかったと思います。

ゴールデン街

戦後日本の趣を残す街

私には、飲み歩きの趣味がありません。妻もそうです。私たちが飲み屋に行くのは、誰かのお供をする時ぐらいです。

バーに行っても、ドリンクを注文し、受け取って全部飲んだら、さてどうしようか？と思ってしまうのです。長時間ダラダラと座っているのは好きではありません。ただバーに座って水割りを飲んで時を過ごすほど、時間の無駄はないと思ってしまうのです。ただし、新宿のゴールデン街だけは別です。戦後の東京に生まれた繁華街のアナクロな生き残りとも言うべき街には、なんとも言えない魅力があります。

とはいえ飲み歩く趣味のない私たち夫婦ですから、たとえば外国からのお客さんがあった時に一緒に行ったりしています。

するとゴールデン街に足を踏み入れるたびに、面白いママやマスターに出会ったり、思いがけないテーマで会話が弾んだりと、いつも新たな発見があるのです。

仕込みみたいなお客さんたち

ある時、ドイツからのお客さんと立ち寄ったゴールデン街の一軒のバーで、お店で飲んでいた人から

「ドイツ人？」

と聞かれました。話してみるとその人はドイツサッカーに非常に詳しく、なんと三十年前の試合までよく覚えている人だったのです。サッカーの話でおおいに盛り上がりました。

はしご酒をしようと次に入った店で、またお店で飲んでいた人から

「お国はどちら？」

とたずねられました。話してみると、その人がムルナウやフリッツ・ラングなど、ドイツの白黒映画を知り尽くしていることがわかり、長いこと映画の話をしました。

三軒目の店に移ると、年配の男性客が一人で座っていて、かなり酔っている様子でした。しかし、私たちがドイツから来たと言うと、その男性はいきなり大声で

「ジャジャジャジャーン！」

と歌い出したではありませんか。ベートーヴェンに精通した人だったのです。ドイツから来たお客さんは、今夜のことはみんな大使館がお膳立てしたことに違いない、と思ったようです。しかし、すべては本当に愉快な偶然だったのです。

私はゴールデン街で、なにもドイツに詳しい人に会いたいというわけではありません。ただ、あの街に来る人は本当に面白い人ばかりなのです。

懐かしさを感じ、同時に何もかもがアナクロニズムとして消えゆく運命なのではないかと、少しの寂しさを覚える、そんな街です。

もっと足しげく通いたかったなあと思っています。

新鮮な魚

苦手な早起きをして築地へ

ドイツのある有力政治家が日本を訪れた時のことです。ようやく少し自由時間がとれそうだとわかると、彼は「あの有名な、築地の魚市場を見てみたい」と言い出しました。

おお、なんと、それだけはやめてほしいと言いたいところでした。妻も私も早起きは大の苦手だからです。しかしもちろん、そんなことは言えません。

その日、政治家と夫人のために、朝の非常に早い時間に市場を案内する予定を組み、お二人を迎えに行く私たち夫婦はさらに早い時間に起きました。

市場の中や競《せ》りなどの説明をしてくれる人をお願いしていたので、その方と政治家夫妻の歩くあとを、寝ぼけまなこでついてゆきました。

歩いてゆくうちにさすがにだんだん目の覚めてきた私は、政治家の様子がちょっとおかしなことに気づきました。手を後ろに組み、ゆっくりと歩きながら魚が並んでいるのをじつくり眺め、魚を指差しながら、一人で何かつぶやいているのです。

何をしているのでしょう？　無心の境地にでも入っているのでしょうか？

彼がこちらを振り返り、意を決したような様子で口を開いた時、謎が解けました。

「それじゃあ一緒に寿司を食べにいこう。おごるから！」

世界のどんな都市も敵わない魚料理

早朝駆り出されたのには辟易《へきえき》してしまった私ですが、彼の気持ちはよくわかります。とれたての新鮮な魚をどうしても食べたくなる気持ちです。

まだ生きたままの魚が見られて、しかもその場でさばいたものを食べられるチャンスなど、そうたくさんはありません。

お醤油《しょうゆ》を少したらし、わさびをちょっとだけつけて口に運べば、まるでクリームのように舌の上でとろける美味しさです。

私はドイツの内陸部の出身で、小さい頃魚はあまり食べませんでした。なにしろ新鮮な魚などありませんでしたし、生で食べるなんて考えられませんでした。それなのになぜ、そういう土地の遺伝子を持つ私のような人間が、この国で出される魚介類や海藻を心底美味しいと思えるのでしょうか？　本当に不思議です。

ひょっとしたら子どもの頃、故郷の郷土料理だった生の豚肉の、やわらかくてとろけるような味が大好きだったことが影響しているのかもしれません。

いつもとても驚かされるのですが、日本ではいわゆる一流料理店だけでなく、たとえば秋田であれ九州であれ、田舎の片隅のふつうの店でも新鮮で美味しい魚料理が味わえます。こんな経験をできる国が日本以外にあるでしょうか？

スシは世界中に知られるようになり、人気が出ました。がんばっている世界中の寿司職人や寿司シェフの努力には敬意を表しますが、やはり食べる側の要求が高くなければ、料理のクオリティも高くはなりません。実際、日本ほど、新鮮な魚を楽しむ舌が発達している国はないのです。

ですからフランクフルトであれ、パリ、北京、カリフォルニア、どこであれ、敵《かな》うところはありません。

日本のお寿司は今後何度でも食べる機会がほしいです。

鉄道

私は〝乗り鉄〟

日本には熱心な鉄道ファンが大勢います。最高のアングルを求めて線路脇に長時間立ち、熱心に古い蒸気機関車の写真を撮る人々。九州まで出向いてレトロ車両の写真を撮る人々。日本地図に載っているすべての路線を制覇する人々、初乗りを楽しむ人々と、楽しみ方は人それぞれにたくさんあります。

どの車両の型式がいつどこで製造されたもので、使用年数は何年かなど、ファンの方々は非常に詳しくご存知です。

私は、いわゆる「乗り鉄」、乗るのが専門のファンです。特に長距離が好きです。

日本の鉄道は在来線、新幹線にかかわらず、座席の座り心地はいいですし、ラッシュ時以外なら座れないことはあまりありませんし、駅弁も素晴らしい。その土地ならではの味覚が、ぎっしりと詰まっている駅弁を食べる楽しみを、私は日本で初めて知りました。

そして何よりも、ダイヤが正確です。日本のみなさんは、ドイツのイメージとしてきっちりしているとか、時間に正確だという印象があるかもしれません。確かにそういう面はあるのですが、ドイツの鉄道は地続きで他国とつながっていることもあり、ダイヤは日本ほど正確ではないのです。

四季折々の美しい自然を車窓から眺めながら、あるいは都会の真ん中を突っ切りながら、本を読んだり、仕事をしたり、眠ったりしつつ別の場所まで移動できるというのは、ちょっとした贅沢《ぜいたく》といってもよいでしょう。

空間を移動しているのに、あたかも自分ではなく、周りの空間のほうが動いてくれているようなものです。それほどに快適なのです。

日本における鉄道での移動は、私にとっては自由時間の娯楽とすら言えるもの。

ぜひ今後も日本で、鉄道での移動を何度も楽しみたいものです。

醤油とハイテク

奥深い技術が生活を支えている

案内役の社長夫人に続いて、傾斜の急な木の階段を上がってゆきます。するとそこには、床に埋められた巨大な木桶《きおけ》が三十以上もありました。

一番古い桶は明治時代初期のものだそうです。桶の中には、黒やこげ茶色のどろっとした液体が入っています。ここでは伝統的な製法で醤油を仕込んでいるのです。社長夫人が醸造所の歴史、醤油の原料、仕込みまでの工程を説明してくれました。

仕込み蔵の下におりると、今度は醤油ができたあとの工程、つまり瓶《びん》詰めや発送についての説明です。今ではインターネット注文を受け付けていて、ドイツまでだって発送してくれるそうです。世の中、便利になったものですね。

大使というのは、小さな企業から、大きな日本酒工場などの大企業に至るまで、いろいろな企業を案内してもらう機会に恵まれます。原子力発電所も見ましたし、スマホや液晶テレビのディスプレイを製造する工場を訪れたこともあります。ディスプレイ製造工場では、さまざまな種類の液晶物質や、大量に生産された液晶がディスプレイに注入される設備、ちり一つないクリーンな状態での出荷作業といった工程を見学させてもらいました。また次世代、あるいはそのさらに次の世代の製品開発を、研究開発部門の専門家たちが熱心に進めている様子に接することもできました。

研究室には、多くの設備や機械、ディスプレイがあり、たくさんの資料や文書が積まれたデスクが並んでいました。門外漢には製造のことも研究開発のことも、実際に何をやっているのかは少しも理解できないだろうことは一目瞭然です。果てしなく複雑で日常からかけ離れた世界に見えますが、しかし、そこで作られた製品は私たちが毎日頻繁に使っているものなのです。

ここに醤油とハイテク製品の共通点があります。製造を可能にする自然の力や技術の力を、私たちは到底理解することはできませんが、出来上がった製品は私たちの生活の重要な一部になっているということです。

私たちの生活の背後にあるこうした世界を、ぜひもう一度垣間見てみたいものです。

源氏物語

最初に触れた日本文学

アメリカ出身の日本学者・日本文学者であるドナルド・キーンさんに、

「日本学を学ぶきっかけは何だったのでしょう?」

とおたずねしたことがあります。キーンさんは、

「十代の頃、源氏物語の翻訳を読み、これをぜひ原文（オリジナル）で読んでみたいと思ったからです」

と話してくれました。そして彼は、本当に成し遂げたのです。

私も十代で日本に興味を持ち始めた頃、最初に読んだ日本文学は源氏物語のドイツ語訳でした。

私の場合も、あの本を読んだことが日本学を学ぶきっかけの一つにはなりましたが、キーンさんとは違い、原文で読もうとは一度も思いませんでした。

ドナルド・キーンさん（右）と私。

その後も原文に注釈や解説、それに現代語訳がついている読みやすそうな本をいただきました。その本は今でも大切に手元にあります。

本棚にあるその本を見るたびに、私の胸の奥の好奇心がかきたてられます。

自分の生きる世界を超えて、まったく別の時代を垣間見てみたい！

どうがんばっても果たせぬ夢という気もしますが、源氏物語を原文で読むというのも、やってみたかったことの一つです。

選挙戦

ひたすら繰り返される握手

凍るような空気が靴底から侵入し、コートの襟元からも冷気が忍び込むものすごい寒さの日、ある政治家の選挙戦を見学させてもらいました。

場所は、早朝の駅前。候補者は、駅の中へと急ぐ人ひとりひとりに向かってお辞儀をしています。

駅から出てくる人々は対象外です。住んでいる場所が違う、つまり選挙区が違うからです。駅に向かう人、自分の選挙区のできるだけ多くの有権者に直接顔を見てもらい、直接「みなさんのために働きますよ」ということを訴えるのが目的です。

そのために握手をし、質問を受け、また握手をし、質問に答え、お辞儀をし、また握手。これを何度も何度も繰り返すのです。

寒さはどんどん厳しくなっていきます。

ひょっとして少しでも身体が温まると思ったのでしょうか。候補者はメガホンを持って演説を始めました。目指す政策を手短にまとめて話します。

耳を傾ける人はあまりいません。みんな寒い中を出勤中で、急いで電車に乗りたいのです。

ただ、候補者が立っていることには気づきます。候補者にとってはそれで充分なのです。

この苦行には意味がある

出勤時間帯が過ぎて駅前の人通りが少なくなると、一旦選挙事務所に戻ります。熱いコーヒーを一杯飲み、スタッフに話を聞いたあと事務所を出て、選挙区の別の場所に向かいました。この日の第二ラウンドの始まりです。

道中、候補者は車の窓から手を振り続け、スタッフは拡声器で選挙の公約や政策を繰り返し訴えていました。しかし着いた先は、車も通ることができないような路地ばかりの、小さくて古い家々が並ぶ地区です。選挙カーは使えません。歩いて直接有権者の人々に話しかけなければならないのです。

候補者の名前入りのノボリを持ったスタッフが候補者の前を行き、拡声器を持ったスタッフが候補者の後ろにつき、全員が一列になって手を振りながら路地を歩きます。

ここでも、スタッフが候補者の名前、役職、政策を連呼し、投票をお願いして歩きます。

候補者はゆっくり歩きます。一軒一軒、窓から人が見ていないか、路地ごとに主婦やお年寄りが立っていないか目をこらし、声をかけられるどんなタイミングも見逃すまいと注意をしながら歩くのです。

しかし選挙区は広く、路地は無数にあります。それでも、この苦行は必要なのです。この苦行があるからこそ、有権者は「ときたまテレビで目にするあの人」が地元の政治家なのだと感じてくれます。有権者のために仕事をしたいという、候補者のやる気をわかってもらうためには大変有効な方法なのです。

候補者は選挙のために非常に多くの時間とエネルギーを費やさなければならず、声帯もかなり酷使するでしょう。しかしそれは彼らの仕事の一部であって、同情すべきことではありません。

それでも、全身全霊で仕事に打ち込む人間であるという評価をすべきです。政治家という職業は何よりも「務めを果たす」のが仕事なのですから。

この猛烈な選挙戦をもう一度間近に見て、体験してみたいと思います。

日比谷のダンスホール

日本人が意外と知らない素敵な場所

私と妻には、日本人の友人たちも知らない秘密の場所があります。探して探して、やっと見つけたその場所は、東京は地下鉄日比谷駅Ａ５出口からすぐにあります。

知りたいですか？　では、東宝ツインタワービルのエレベーターに乗り、七階で降りてください。降りたその瞬間から、ギラギラしたネオンライトや、それは巨大なミラーがあなたを歓迎してくれるはずです。

驚きました？　はい、そこは東宝ダンスホールです。

実は、妻と私は、もう何十年も前からの社交ダンスファン。ベルリンでも北京でも、スケジュールの合間を縫ってダンスホールに出かけていました。

けれど、東京はとてもめまぐるしい都市ですし、社交ダンスが楽しめるか少し不安だったのです。

社交ダンス仲間が集う、東宝ダンスホール。

ダンススクールは駅前などにどうやらたくさんありそうでした。しかしスクールではなく「ただ楽しむだけ」のホールはどこに隠れているのか、なかなか見つけることができず、どこにあるのかなぁとたびたび思っていました。

そして、ダンスの先生にそっと教えていただいてようやく見つけたのです。その時の嬉しさといったら！　秘密の場所を見つけたような気持ちでした。

ここは本当に素晴らしいホールです。二十代も七十代も、ありとあらゆる年代の人たちがダンスを楽しんでいます。男も女も、独身も夫婦も！　ただひたすらにみんなが音楽に身を委ねて、ステップを、ターンを楽しんでいるのです。

レベルも初心者からプロまでと幅広いですが、共通しているのは、とにかく楽しんでいるということ。それが一番大切なのです。

外国人はほとんどいません。ただ、大使館の同僚やドイツ学園の友人たちはときどき来ているようです。ある同僚の転勤が決まったので、送別の「ラストワルツ大会」を開きました。寂しかったけれど、とても盛り上がりました。彼らに再会した時には「Shall we ダンス?」と言うつもりです。

この場所のこと、ここだけの秘密にしてくださいね。

日本の四季と庭の風景

夏の音と冷たいワイン

窓を開け放った和室。

外には夏の始まりの湿気をたっぷりと含んだ緑が、生い茂っています。

小雨が降り始め、雨音がかすかに聞こえます。

庭も室内も明るくはありません。どちらかと言うと、ぼんやりした薄曇り。

ときどき風がそよぎ、障子をわずかにカタカタいわせています。

そうしたすべての音をかき消す鳴き声がしています。何百、何千とも知れぬセミが鳴いているのです。

鳴き声は大きくなったり小さくなったりをゆるやかに繰り返しながら、部屋の両方向から、まるで異次元からの音のように入り込んできます。

途切れることはありません。

ドイツ大使公邸の日本庭園は本当に美しい。

暑いので、冷やした白ワインを一杯。ワインがグラスに注がれる音と、セミの声が重なっていきます。日本の夏の音。

そんなひとときを、もう一度過ごしたいです。

忘れられない公邸の日本庭園

「ベルリンに戻ってこの見事な公邸に住めなくなると、慣れるまでさぞ大変でしょうね」

ドイツの外務大臣が日本を訪問した時、退官を間近に控えた私にこう言いました。大使公邸のテラスに立って庭を眺めていた時です。

おっしゃるとおりです。

しかし実は、これよりもさらに素晴らしい眺望があるのを、大臣はご存知ありません。それは早朝の、二階バルコニーの朝食テーブルから見下ろす庭の眺めです。

ドイツ大使公邸の庭は、百年ほど前に造園されたもので、その後一九六〇年頃、数百人の訪問客にも対応できるように改修されました。灌木《かんぼく》の茂み、聳《そび》え立つ木々、広く見事な芝生の庭、小さな池、風流な水の流れ、井戸などなど。

この庭園には、四季折々、冬でさえ花を咲かせる草木がどこかしらにあります。春にはあちらこちらで桜が咲き、夏には銀杏《いちょう》が青々として、秋には紅葉が色づき、冬には松が高い空に映え、いつ見ても、まるでその季節のためだけに造られた庭ではないかと思えるほどです。

冬の雪の朝、庭を一周すると、さまざまな趣に富んだ眺めに心を奪われます。

春の桜は、あちらこちらの枝が白やピンクの花をつけているのが遠くからも見え、まるで山景色のようです。

蒸し暑い夏には、降りしきる雨や台風の風に揺れている濃い緑に圧倒されます。

そして秋には、さまざまな種類の紅葉が、少しずつ時期をずらして色づき、庭のどこを歩いていても、あらゆる角度から美しい眺めが楽しめます。

木々の間には鐘楼《しょうろう》や、四阿《あずまや》や、小さな祠《ほこら》や、石像もあります。

朝の散歩の時には（時としてヤブ蚊からの逃亡もしつつ）時間と世界に向き合うことができるのです。

日本を去る私が新しい土地に慣れるのは、ひょっとしたら外務大臣が言うほど大変ではないかもしれません。

だとしても、この庭を眺められなくなる寂しさは否めません。

ぜひまたこの庭を訪れたいものだと思っています。

舞踏

グロテスクの美

二〇一一年、久しぶりに麿赤兒《まろあかじ》さん率いる「大駱駝艦《だいらくだかん》」の舞踏パフォーマンスを見に行きました。

狭い板張りの床の上で、全裸に近い人間が体をくねらせています。小さな腰巻きのようなものだけを身につけ、髪を剃《そ》り、身体は全身白塗りです。

顔の筋肉は歪《ゆが》み、動きに合わせて響く音楽は、ある部分は心揺さぶられる旋律であり、他の部分は耳を塞《ふさ》ぎたくなるような鋭い音です。

セリフはありません。重要なのは身体の動きだけ。大抵は非常にゆっくりと、計算し尽くされた形で身体が伸び、ねじ曲がり、からまります。時に、速度の速いステップや動作、表情の変化が見られます。俳優は汗が飛び散るほどに躍動的に動いています。

動きによって、我々人間がまったく知らない、ある意味を帯びた宇宙を表現しています。

そこが私たちドイツの表現劇とは大きく異なるところです。

これはやはり異色の文化です。舞踏は日本のアバンギャルドな舞台としては恐らく最も身体を酷使する、同時に最も見る者を引きつけるジャンルでしょう。

こういう最高レベルの近代的な舞踏スタイルがあることを、今は日本人のほとんどが知りません。七〇～八〇年代には知られていましたが、そのうち「山海塾」がフランスへ移り、一気に知名度が落ちたようです。「大駱駝艦」が頻繁に海外公演をしていることなどは、まったく知られていないようです。なんと残念なことでしょう！

舞踏が生み出す空間の密度の濃さは、私を惹きつけてやみません。

グロテスクの美。今後も何度も体験したいものの一つです。

日本で知ったアングラ演劇の魅力

舞踏だけでなく、私は昔から演劇に興味があり、趣味と言えると思います。

私は学生時代に日本の「アングラ演劇」と出会いました。今でも活動する演劇集団があるのは知っていますし、招待状をいただくこともあれば、路地裏の小劇場を偶然見つけることもあります。大きな劇場でも、ポスターを見たり、新聞記事を読んだり、招待状をいただいたりするたびに、興味をそそられます。

劇場は文化を映す鏡そのものです。自分と同じ人間が、世界の違った側面を描き出しているさまを、ぜひ観たいと思ってしまいます。

しかし、問題は「時間」です。大使の日常は他人の都合で決められることが多い上に、カッチリとした枠にはめられており、趣味を追求するためにそこから抜け出すのはほとんど不可能なのです。

観劇の時間がまったくないというわけではありません。しかし、外国語の演劇で、しかも凝縮されたセリフやさまざまな暗示などの背景を理解して楽しみたいと思うと、時間を割いて予習したり、観劇後に勉強したりする必要があります。そこまで身を入れなければならない趣味は、現実的には無理なのです。

ですから、もっともっと体験したかったことの一つに、日本の前衛演劇を加えたいと思います。

日本でもう「味わいたくない」こと

花粉との終わりなき戦い

日本の杉は、世界で一番古い木の種類の一つです。そのことと関係があるかわかりませんが、とにかく日本の杉の花粉は世界一攻撃的なようです。

マスクをつけた大勢の日本人を見た外国人新聞記者が、「福島の放射線を恐れているからだ」と思ったという記事が二〇一一年にありました。外国人にとっては花粉症対策としてマスクをつけることがなかなか理解できないようです。

しかし、私は二〇一一年春、花粉が「攻撃的」ということが理解できるようになってしまいました。

合気道本部道場で、一時間の稽古をした日のことでした。窓が開いていて、外には杉の木が何本もあるのが見えました。気持ちのいい汗をたっぷり流し、私はとても爽快《そうかい》でした。その時までは。

帰宅途中、車中で急に胸が苦しくなり、何回もハックションをして、家に帰って自分の顔を見たらひどい有様です。目は充血し、鼻水が止まりません。

ああ、合気道では負けないのに、私は花粉に負けたのです。思わずその時の情けない顔を写真に撮りましたが、もちろん誰にも見せる気はありませんよ。

翌年も苦しくて、妹にアメリカの薬をもらったのですが、睡眠薬になれていない私にとってはその薬は強すぎたようです。朝起きてからも目が覚めていないような、朦朧《もうろう》とした状態が続いてしまいました。

そこで二〇一三年は早めに病院に行き、別の薬をもらいました。これはなかなか調子がよくて、もう大丈夫だと安心した私は、また合気道の稽古に行ったのです。その結果わかったことは、薬の効果には限度があるということでした。

稽古中はなんともなかったのですが、帰る車の中でだんだんと息が苦しくなり、夜中には十分ごとに激しい咳《せき》が出て、ついに朝四時まで眠れなかったのです。

「花粉があるってわかっているのに、道場に行くなんてバカね」

と、妻はいつもと変わらず理性的。悔しいけれどそのとおりです。

ついでに一月に冬休みをとってミャンマー旅行に行ったことを後悔しました。なぜ私は、三月に日本を離れる計画にしなかったのでしょう！　本当にバカだった！

「できれば日本でもう一度体験したいこと」はたくさんあります。例を挙げればいくらだって出てきます。

でも、絶対に体験したくないことは、たった一つだけです。

はい、もうおわかりですね。それは、花粉症。

桜

希望の花

日本では、実に千年以上前からお花見の習慣があったといいます。

なぜ桜の花を特別に愛でるのか。日本人が教えてくれるその理由には、心惹かれずにはいられない趣があります。

桜の花はあまりに美しく、散ることなど想像したくない。しかしいずれ、いや、次の瞬間にも散ってしまうことはわかっている。その儚《はかな》さゆえに、美しさを愛でる気持ちが一層強くなるというのです。

日本人の美への感覚・思想に大きくかかわるのがこの「儚さ」です。

ところが、二〇一一年四月はじめ、九州の大分県竹田市にある城跡でのお花見で、私はまったく違う気持ちを味わいました。

三週間前に東日本大震災が起きたばかりの頃です。死者数、行方不明者数が毎日報道さ

大分県竹田市で心を慰められた、満開の桜。

れ、その数は日に日に増えていきます。

死、深い悲しみ、苦しみ、絶望が日本中にあふれ、私たち外国人もその辛さをともにしながら、不安と緊張に満ちた時を過ごしていました。

そんな時竹田で、桜が咲いているのを見たのです。

美しい青空に映える何万本もあるかと思われるほどの桜、その下で何百人もの人々が行楽弁当とお酒を楽しむ様子は、例年どおりの〝もののあはれ〟です。

桜の美しさなど、この強烈な悲しみの中では本来ならどうでもよいものかもしれません。

しかし、いつもと変わらず見事に咲き

誇る桜は、どんな状況でも生き延びて、命をつないでいくのだという、自然の強靭な意志を見せつけているようでした。

我々人間も、逃れようもなくこの自然の一部なのだと教えられたように思いました。あの竹田の桜に出会って以来、私は儚いと思っていた桜の美しさを、まったく異なった目で見るようになりました。

毎年咲き誇る桜。毎年新たな花を咲かせ、美しく輝く桜。まるで、我々の存在の不条理さ自体に意味があると教えているかのようです。

桜は私にとって、希望の花となりました。儚さを教える花ではなく、生への希望の花です。

この希望の花を、何度でも見てみたいと思います。

Leid und Lust des jungen Stanzel

番外編

シュタンツェル青年の日本留学日記

私はフランクフルト大学で二年間日本学などを勉強した後、京都大学への留学のため、一九七一年、二十三歳の秋に日本へと向かう旅に出ました。高校の同級生・W君との二人旅です。ユーラシア大陸を放浪すること半年、一九七二年の春に日本へたどり着きました。三月七日に台湾からの船で鹿児島に到着して、すぐにヒッチハイクを始めました。初めて泊まった地は宮崎です。

当時はドイツ語で日記をつけていました。四十年前、初めて日本にやってきたドイツ人青年の目にこの国がどう映ったのか、日本語に訳してご紹介します。

3月7日

船酔いがようやく治った！　甲板に出て、まもなく鹿児島に着陸だとわかった。着いた！　ドイツを出て半年と二日！　青空や、煙を出す火山が見える。日本に着いた！　写真を撮って、それからヒッチハイク開始。乗せてくれる車はなかなかつかまらないので食事にした。カツとトマトとサラダ、百円だ。レストランの日本語もわかる。「いらっしゃい、どうぞ、ありがとう、どうも……」。ようやく最初の車が止まってくれた。なんて小さな車！　みんな日本語しか話さなくて、何もわからない。景色はきれい。丘は緑、空は青、家の屋根はいろいろな色で素敵。

次の車の人は英語ができた。「宮崎に行くんですか。それなら青島を見なくちゃ」と教えてくれる。最初に日本に来た神様もその島に来た、と。それはいいね、とW君と僕。僕たちも日本に初めて来たんだから。

3月8日

初めて日本で目が覚めた。ユースから青島まで歩く。人間が多い。すごく多い。大きなバスから出てきて、どこでも写真を撮る。特に若いカップルはそう。日本ではプロポーズの言葉に

日本初上陸！　23歳の私（左）とW君。

「きみと一緒に写真を撮りたい」と言うのかな。初めて日本人のかわいい女の子から話しかけられた！　しかし、ただ僕たちと写真を撮りたいだけだった。がっかり。

ユースで初めて日本の風呂に入った。熱い!!　あとから入ろうとしたW君も熱がっているのを見て、笑いたいけれど、我慢。熱すぎて、笑うだけでも痛いから。

3月9日

今日、ヒッチハイクして止まってくれた車の主は、由紀夫という人。「うちに泊まってよ、家族も喜ぶから」と言ってくれる。もちろん！

由紀夫のアパートは小さいけれど、きれいで、奥さんはとても親切。僕のつたない日本語をわかってくれる。

由紀夫は「合気道」の先生らしい。合気道って何？？「柔道みたい」なんだって。道場に連れて行ってくれた。中は六人だけ。だけど、合気道はすごい。京都にもあるかな。あるならやってみたいと思う。

由紀夫のアパートに帰って、お風呂に入り、奥さんのごちそうをたらふく食べて満腹。すると由紀夫は「さ、行こうか！」だって。え？　今から？　彼は四時間しか寝ないらしい。なるほど。だから日本はすごいのか。

案内されたバーは、由紀夫のお姉さんの店だった。僕はたくさん飲んだ。三時に帰って寝る。宮崎は楽しい。

3月10日

朝7時、由紀夫はもう僕たちと、昨日一緒に飲んだ中西さんという友人を起こした。日本での初めての二日酔い。頭が痛い。コーヒーとトーストを一枚もらって（日本人の朝ごはんは少ない！）、すぐ出発。中西さんが車に乗せてくれるらしい。由紀夫に「さようなら」を言って、お別れ。コンサーティーナという楽器を送る約束をした。

大分までの数時間、僕は寝ていた。バス乗り場で降ろしてもらい、中西さんにもさようならだ（といっても、彼は昨日いつから一緒になったのか覚えていない）。

由紀夫から別府というところが面白いと聞いたので、向かった。途中、同じ方向に向かう若い女の子が歩いていたから、日本に着いて初めて女の人に話しかけた。電話交換所に勤めているらしい。「Do you know the jumbo bus?」と僕たちに聞く。「ジャンボバス」って何？　大きいバスのこと？　そうじゃなくてお風呂の意味だって。大きいバースがホテルの中にあるらしい。なるほど。安いらしいし、あとで行くことに決めた。

でもまずは別府の名湯へ。「地獄」と言われているが、確かに地獄みたい。くさい！　においはすごいし、赤や他にも変な色の熱いお湯があちこちから出るし、温泉の間に神社もあるし、信じられないほど変な場所だ！

それから交換手のお嬢さんと例のバースへ。なるほど！「Jungle Bath（ジャングルバース）」だった。大きい、本当に大きい！　屋内に背の高い木があって、その下にたくさんの風呂がある。熱い湯もあれば、ぬるい湯もある。長い時間、楽しくプールホッピングをした。

風呂上がりにはバーに行った。人が多くて、男も女も寝巻きを着ている。交換手のお嬢さんが、それは「浴衣《ゆかた》」だと教えてくれた。みんなが踊り始めたので、僕たちも。日本で初めてのダンスができた、運がいい。

3月12日

フェリーに乗って神戸まで来た。W君が、「京都はもうすぐそこだけど、まだ大学も始まらないし、東京に行かないか」と言う。W君は東京に知り合い(ガールフレンド?)がいるのだ。ナンシーというアメリカ人。東京行きは大賛成。

神戸でヒッチハイクをしていると、すぐに大きな車が止まってくれた。ところが乗り込んで「東京に行きたいんです」と言うと、彼は大笑い。「遠いから、新幹線に乗れ!」だって。新幹線か。乗ってみたいけど、お金が……。

でも結局、京都駅で降ろしてもらって新幹線に乗った。速い! 素敵! 席が少し狭いけど、便利! そして速い! どうしてドイツにはこういう列車がないのかな。絶対作るべき!

曇りだから富士山が見えなくてちょっと残念。でも、とにかく速い!

東京駅は大きくて人が多くてややこしい。迎えに来てくれたナンシーに連れられて、また電車に乗り、乗り換え、また乗り換え、どこだかわからない駅に着いた。

ナンシーのアパートはただの小さな部屋だ。リビングルームは同時に台所で、同時に寝室。狭いしすごく寒い。

3月16日

ナンシーに日本人のボーイフレンドがいるとわかってから、W君は早く京都に行きたくてしかたがない。そういうわけで今日、京都に行くことになった。

今度の新幹線も、曇りで富士山は見られなかった。日本がなぜ、こんなに速くて素晴らしい新幹線を開発したのかがだんだんわかってきた。アウトバーンがないからだ。日本にも「高速道路」があるけれど、狭くて、渋滞が多くて、車はスピードが出せない、そして料金は高い。

ヒッチハイクで乗せてくれた人たちが、僕らにお金を求めなかったのは本当にありがたい。

新幹線は最高！　夜、京都に着いた。

3月17日

京都は天気がいい。緑が多い。春らしい気候。町もいい感じ。市電もある！　京都は東京よりずっと人間味が感じられるというのが僕とW君の意見。鴨川《かもがわ》の景色、御所の木、四条通《どおり》、三条河原町、小さな店が多くて独特な雰囲気。

京都で留学できることになってよかった。僕は運がいい。

3月28日

日本人の知り合いからもらった丸善のクーポンを使って、教科書、辞書などを買った。丸善には本がたくさん。わかるタイトルはほんの少し。いつかいつか、丸善に行って、全部わかるようになりたい。それが目標！　というより、ただの夢か憧れかも。

4月7日

日本滞在も1ヵ月が過ぎた。時々、日本にいることが自分でも信じられない気持ちになる。考えてみると、ドイツを出てからの旅も、下宿を見つけるのも、大学の授業のことも、日本語の勉強の用意も、毎日の生活も、全部うまくいった。

完璧だ、間違いない！　スイス製の時計のように毎日スムーズに物事が進む。運がいい！

いや、運ではないな。自分自身で下した選択の結果だ。両親の意見を聞かず、自分のよいと思う道を歩いた。社会のくれた「自由」のチャンスにつかまって動いた成果だ。目の前にまだまだいろいろなチャンスがありそうな気がする。よい方向に向かうためには何が必要か、それは忍耐力と希望と活力だ。

この頃桜が本当にきれいになってきた。想像していたよりもずっと印象深い美しさ。

4月13日

完全にふさぎ込んだ。教科書の文法の説明はわかりにくい。今日覚えなければならない漢字もほんの少ししか覚えていない……。イヤだ！

なんで日本語の勉強をこんなに難しく感じるようになったのだろう。一歩一歩進もうと思ってたのに。

ラジオのニュースならなんとなく理解できると今まで思っていたけど、それも勘違いだった。今日ちゃんと聴いてみたらあまり理解できない。スピードが速すぎて、知らない単語が多すぎて……。天気予報だけ、だいたいわかる。明日は雨が降るということぐらい。うつ気味。

寂しい詩を書いた。W君は飲みに行くらしいけど、今日は僕は行かない。

5月7日

日本人の女の子に、「『男はつらいよ』という映画が素敵だよ」と教えてもらったので、河原町通に観に行った。内容はなんとなくわかったが、言葉はほんの少ししかわからない。でも「sweet!」と思い、あとで彼女にそう言ったら喜んでくれた。

彼女はよく「そうですね」と言う。「そうですね」という表現は日本語の独特な、方便としての言い方。どこでも使える。使い方をもっと勉強したい。

5月29日

宮崎で見た合気道の部活があったので、この前から入部した。いろいろなことが勉強になる。

たとえば「ウッス」という言葉。礼をしながら部員が言う言葉だが、必ず「後輩」が先に言わなくてはいけない。

そして稽古は辛い。なかなかわからない動きが多い。覚えても、次に来る時には忘れてしまう。そして受け身ができていないから身体じゅうが痛い。暑くなってきて、汗もたくさん流しているから「しんどい」。他の部員はどうしてうまくできるのだろう。週一回じゃなくて、もっと稽古に来ているからかな。じゃ、僕もこれから週二回参加しようかと思ったけど、すぐさま「すりむけた皮が治る時間がない！」と思った。ううむ、どうするか。

合気道じゃなくて卓球にすべきか。

6月11日
東寺のフリーマーケットに行った。すごくよかった。興味のあるものが多すぎる。昭和のはじめ頃のものとか、特に気に入るものが多い。枕とか、墨絵とか、版画とか、椅子でもおもちゃでも。どうしてなのかわからないが、自分の趣味に合う。西洋の味とずいぶん違うからかな。でも、スタイルはシンプルだし、材料もシンプル、色はあまりない。なのに、なぜ気に入るのかな。

友達が自転車で来ていた。「便利だよ」と言っている。僕も買おうかな。便利そうだ。でも考えてみると、自転車を持つと行ける場所が増える(歩きの四倍ぐらいかな)。すると行きたい場所も増えるはずだ。きっと暇がなくなる(四分の一になるのかな)。

今みたいな、暇がある、時間が充分にある、あっちこっちに行けない状態のほうが好きだ。僕にとって「便利」とは、こういう暇のある状態のことだ。

そういうわけで、今のところはまだ、買わない!

7月15日

日記を書く気がしない。暑いから。でも今日のことは一生ものの体験だから書かずにはいられない。本当の台風。本当の本物。日本ではたびたび強い風が吹く。しかしこれは桁《けた》違い!

台風が来ることはラジオで知った。しかしその頃、空はきれいに晴れていた。

でもだんだん雨が降り始めた。風が強くなってきた。下宿に戻ったが、壊れるんじゃないかと心配になった。友達のカップルが僕のところに逃げてきた。「こんなの初めてだ、すごい、すごい！」と言っている。夜になってだんだんと静かになったので飲みに行った。しかししばらくするとまた外で大きな風の音が！　また台風だ！

台風が過ぎ去ってから下宿に戻ってみると、暑さが戻ってきていた。もう充分!!

9月11日

一年ちょっと前にドイツを出発した。半年ちょっと前に日本に着いた。だけどもう何年も住んでいるような気持ちだ。

旅の間はたくさんの国を見て、それ以上にたくさんの人々と話し合い、あっちこっちに新しい友達ができた。ただドイツにいるだけでは想像もできないような新しい世界が開いた。身の回りにも、頭の中にも。

いつかドイツに戻ってみると、以前とはまったく違う人間になってしまっているのに違いない。

この日記もこのままでいいと思う。毎日は書かないが、ときおりで。

合気道もいい。小手返しを受ける時の、横受け身を習った。以前に先輩がこれをやっているのを見てすごく尊敬して、自分も何年かしたらできるようになるのかな、と思っていたが、この前は先輩に見せてもらってパッとできた。不思議。合気道そのものが不思議。満足だ。

当時の思い出が詰まった日記帳。

おわりに

今、この本の出来上がりが目前に迫り、大変嬉しい思いです！

二〇一一年三月十一日の東日本大震災発生後、ドイツ政府やドイツ大使館の対応について、理解してくれたり、批判的であったり、関心を抱いたりした方々が大使館に多数意見を寄せてくださいました。

そうした日本の方々に向けてインターネット上で定期的に発信したらどうかとの大使館職員の提案に、まさに格好の「対市民外交」ではないかとブログを始めたのが、「大使日記」のそもそもの発端でした。

しかし、その後読者の方々から多くの反響をいただいたこともあり、ブログは当初の計画をはるかに超えるものとなっていきました。

大使としての公的な記録ではない。考えたこと、やったことを一日一つ書いていけばいい。そうすれば大使というものが通常何をしているかがわかっていただきやすいだろうと考え書き続けました。

しかし逆に、自分はそもそも何をしているのか、どの程度意味があることをしているのかと日々の活動について自問するきっかけにもなりました。

ブログにより、読者の方々とのやりとりからも学びつつ、良い方向に変われたのであればいいなと思っています。

大胆にも、間違いの多い日本語で翻訳者の手を借りずに書こうとしたことで、むしろより多くの読者に関心をもっていただいたようです。恐らく笑いを誘う、より楽しめるものとなったのでしょう。

実は外務省入省以来残念ながら一度も日記をつけたことがなかったのですが、今回のブログにより最後の任地日本において、私にも妻にも特別な思い出ができました。

読者の方々のなかにも、このささやかな本によって私のブログを思い出してくださった方がいるかもしれません。

あるいはブログをリアルタイムで読まれていない場合、あるドイツ人外交官が日本で日々何をし、何をあれこれ考えていたのかに興味をもたれるかもしれません。そして、遠くからやってきたドイツ人が、なぜみなさんの国を第二の故郷と感じているかがおわかりになるでしょう。

この実験的とも言えるブログに、妻は、時に皮肉っぽく首を振りつつも、感想や意見をいろいろ言い続けてくれ、そのおかげでよりよい内容になったと思います。ですから、まず何よりも妻に感謝したいと思います。

また大使館職員も、多くのアイディアを出してくれたり、それぞれのやり方で助けてくれました。なかでも、素晴らしいカメラマンでもある須藤恒平氏、また新藤真理氏とバーバラ・トミイ氏には感謝しています。

私は、自分自身の拙い日本語で、思い浮かぶままに書こうと心がけてきましたが、翻訳部の田口絵美、石川桂子両氏に助けを求めることもたびたびありました。この場を借りて両氏には改めて心より感謝申し上げます。

また幻冬舎の前田香織氏は、そもそもの書籍化のご提案に始まり、実現まで多岐にわたり心を砕いてくださいました。書籍化にあたっては、再び田口・石川両氏並びに新藤氏の助力が欠かせませんでした。心から御礼申し上げます。

一番最後になりましたが、一番感謝したいのは、もちろんブログの読者のみなさん、そしてこの本を手に取ってくださったみなさんです。どうもありがとうございました。

フォルカー・シュタンツェル

フォルカー・シュタンツェル Dr. Volker Stanzel
1948年、ドイツ・クロンベルク(フランクフルト近郊)生まれ。フランクフルト大学で日本学、中国学、政治学を専攻。72〜75年京都大学留学。80年ケルン大学にて哲学博士号取得。79年ドイツ外務省入省。82〜85年在日ドイツ大使館勤務。駐中国大使、本省政務総局長などを経て2009年12月〜13年10月駐日ドイツ大使。退官後は、米国カリフォルニア大学サンタクルーズ校で政治学の教鞭を執る。合気道二段。
著作物:『Japan, Haupt der Erde』『Im Wind des Wandels』『Chinas Außenpolitik』
ブログ「大使日記」はFacebook上で不定期に継続執筆中。
https://www.facebook.com/public/Volker-Stanzel

ドイツ大使も納得した、日本が世界で愛される理由

2015年1月10日　第1刷発行
2015年5月15日　第5刷発行

著　者　フォルカー・シュタンツェル

発行者　見城 徹

発行所　株式会社幻冬舎
〒151-0051 東京都渋谷区千駄ヶ谷4-9-7
電話　03(5411)6211(編集)
03(5411)6222(営業)
振替00120-8-767643

印刷・製本所　図書印刷株式会社

検印廃止

Printed in Japan
ISBN978-4-344-02707-7 C0095
幻冬舎ホームページアドレス　http://www.gentosha.co.jp/
この本に関するご意見・ご感想をメールでお寄せいただく場合は、
comment@gentosha.co.jpまで。